Kinder basteln
rund ums Jahr

Ursula Barff (Hrsg.)

Kinder basteln
rund ums Jahr

Bassermann

INHALT

Winter _____ 160

Vorwort

Wir möchten Ihnen heute ein Buch vorlegen, in dem die Bastelvorschläge aus einer ganzen Fülle unterschiedlicher Materialien hergestellt werden. Sie haben aber alle eines gemeinsam: Es sind Naturmaterialien, ergänzt durch Projekte mit Pappe und Papier. Was kann vielfältiger sein als die Natur im Wandel der Jahreszeiten? Und so möchten wir Sie mitnehmen auf eine Entdeckungsreise durch ein ganzes Jahr, vom Frühling bis zum Winter. Die ausgewählten Bastelvorschläge folgen diesem Ablauf und berücksichtigen die jahreszeitlichen Feste und Feiern. An kleine Geschenke, Urlaubserinnerungen, nette Aufmerksamkeiten, Fensterbilder, Raumdekorationen u.v.m. haben wir gedacht. Das sind die Endergebnisse, die wir Ihnen vorstellen und die wir gemeinsam erreichen wollen. Für die Entwicklung Ihres Kindes ist nicht primär die fertige Bastelarbeit wichtig, sondern der Weg dahin. Und der beginnt beim Sammeln und Sortieren der Naturmaterialien.

Ihr Kind lernt genauer zu beobachten, auf Veränderungen zu achten, Unterschiede zu erkennen. Es hat die Möglichkeit, dieses aus der Natur stammende Material mit allen Sinnen wahrzunehmen und diese dadurch zu schulen. Beim Basteln werden Ausdauer und feinmotorische Fertigkeiten geübt und Erfahrungen im Umgang mit Schere, Nadeln, Klebstoff u. ä. gemacht.

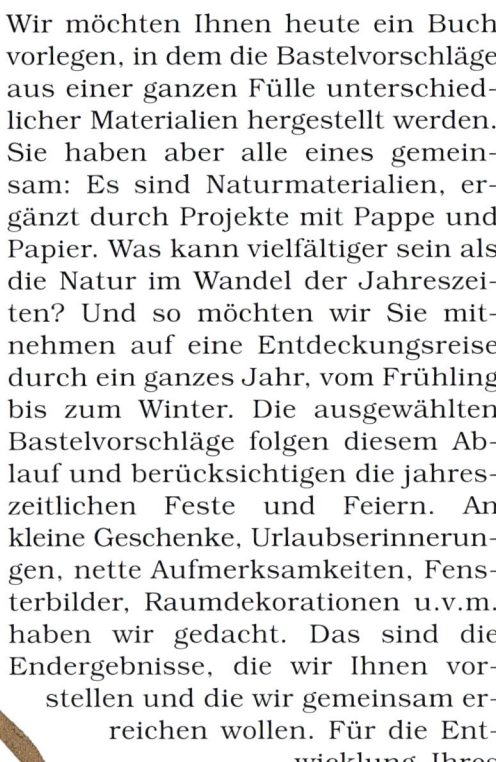

Nicht zu vergessen – bei allen Wahrnehmungen und Erfahrungen – ist der Spaßfaktor. Er ist da, wenn Ihr Kind sich mithilfe der gelungenen Illustrationen für eine Bastelidee entscheidet, er begleitet Sie beim Beschaffen der notwendigen Materialien und setzt sich fort, wenn Sie den Schritt-für-Schritt-Anleitungen folgend, den Vorschlag umsetzen.

Ich wünsche Ihnen viel Freude dabei und gutes Gelingen!

Ihre
Ursula Barff

Das Abpausen von Vorlagen

Nicht jeder ist ein Zeichenkünstler, und so kommt es des öfteren vor, daß eine Bastelarbeit nicht so ausfällt, wie man es sich vorgestellt hat, nur weil es mit dem Zeichnen nicht so geklappt hat. Deshalb haben wir für alle schwer zu zeichnenden Dinge Abpausvorlagen aufgenommen, die ab Seite 210 und auf dem beigefügten Vorlagebogen abgedruckt sind. Grundsätzlich gibt es zwei Möglichkeiten des Abpausens:

Das Abpausen mit Pergamentpapier

Pergamentpapier ist ein durchscheinendes, festes Papier, das es im Schreibwarengeschäft zu kaufen gibt. Auch Architekturbüros arbeiten viel mit dieser Papierart, und man kann unter Umständen dort kostenlose Pergamentpapierabfälle bekommen.

Man kann auch Butterbrotpapier benutzen, das fast dieselben Eigenschaften hat, nur etwas dünner und weniger fest ist als Pergamentpapier. Außerdem benötigen wir bei dieser Art des Abpausens noch einen weichen Bleistift.

1. Wir legen das Papier auf die Vorlage, die wir abpausen wollen, und ziehen mit dem Bleistift die Linien nach. Dabei achten wir darauf, daß sich das Abpauspapier nicht verschiebt.

2. Bevor wir das Papier wegnehmen, kontrollieren wir, ob wir auch wirklich alle Linien nachgezogen haben.

3. Anschließend wenden wir das Papier und legen es auf die Pappe oder auf das Papier, auf das unsere Vorlage übertragen werden soll. Die mit Bleistift gezogenen Linien liegen nun auf dem neuen Papier.

4. Mit kräftigem Druck ziehen wir die Linien nun alle nochmals nach. Da wir mit einem weichen Bleistift gearbeitet haben, haften dabei die ersten Linien auf dem Papier oder auf der Pappe, und das gewünschte Muster erscheint. Wir kontrollieren, ob wir auch alle Striche nachgezogen haben, und können unser Bild dann ausschneiden.

Das Abpausen mit Pauspapier

Pauspapier gibt es in Schwarz und in Weiß. Schwarzes – auch Kohlepapier genannt – erhält man im Schreibwarengeschäft, da es normalerweise zum Anfertigen von Briefdurchschlägen verwendet wird. Weißes oder helles Pauspapier gibt es im Bastel- oder Handarbeitsgeschäft. Mit diesem Papier wollen wir arbeiten, wenn wir eine Vorlage auf einen dunklen Untergrund durchpausen möchten. Beide Pauspapierarten können recht oft verwendet werden. Erst wenn die Beschichtung abgenutzt ist, muß man ein neues Papier nehmen.

1. Zuunterst legen wir das Papier oder die Pappe, auf die wir die Vorlage übertragen wollen. Darauf kommt das Kohlepapier, und zwar mit der färbenden Seite nach unten. Zuoberst legen wir die Vorlage, die wir abpausen wollen.

2. Damit beim Abpausen nichts wegrutscht oder sich verschiebt, sollten wir die drei Blätter mit Büroklammern zusammenhalten.

3. Nun ziehen wir mit dem Bleistift die Linien unserer Vorlage nach. Sie übertragen sich direkt auf die Unterlage. Das durchgepauste Bild kann anschließend sorgfältig ausgeschnitten werden.

Frühling ist's, die Luft ist lau!
Wir pflücken Blumen in der Au
und basteln für Ostern und Muttertag,
weil das ein jedes Kind gern mag!

Vogelmobile

2. Da die nun feuchte Peddigschiene nicht geklebt werden kann, fixieren wir die Enden jeweils mit einer Wäscheklammer.

3. Nach dem Trocknen kleben wir die Enden mit Klebstoff fest und fügen Kopf und Bauch aneinander.

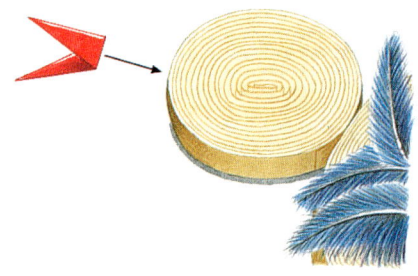

4. Die Vogelbabies erhalten am Körper einen Flaum aus Wolle, den wir mit der Schere etwas zurechtschneiden. Darauf kleben wir links und rechts auf den Körper eine kleine Feder als Flügel sowie hinten eine Schwanzfeder.

5. Die großen Vögel streichen wir am Bauch beidseitig mit Kleber ein und bringen größere Federn dicht nebeneinander an.

VOGELMOBILE

Alter
ab 6 Jahre
Material
1 Bündel Peddigschiene
ungesponnene Schaf-
wolle
gefärbte Perlhuhn-
federn
roter Tonpapierrest
Schere
Klebstoff
Wäscheklammern
Heu oder getrocknete
Gräser
Reisig
1 dekorativer Zweig
Nylonschnur

Ein zur Jahreszeit passendes Mobile ist immer eine hübsche Dekoration im Raum.
Die Herstellung dieses Mobiles mit Vogelfamilie erfordert etwas Geschick und Geduld, deshalb sollte beim Basteln ein Erwachsener helfen.

1. Für die Herstellung der Vögel weichen wir die Peddigschiene etwa 15 Minuten in Wasser ein. Nun wickeln wir sie zu einzelnen Rollen auf. Für die Vogelbabies sollten die Rollen einen Durchmesser von 2 cm für den Kopf und 3–4 cm für den Bauch haben, für die Vogeleltern entsprechend 3 und 5 cm.

6. Für die Schnäbel schneiden wir jeweils ein in der Mitte gefaltetes Stück Tonpapier in der Breite der Peddigschiene zu einem Dreieck aus und kleben es an den Kopf.

7. Für das Nest verwenden wir ein kleines Bündel Reisig, legen es zu einem Nest und verschlingen die Enden miteinander. Eventuell können wir sie auch mit etwas Kordel festbinden. Dorthinein legen wir nun das Heu und drücken mit der Hand eine nestförmige Mulde hinein.

8. Wir setzen die Vogelbabies in das Nest und klemmen es zwischen die Äste unseres großen Zweiges. Die Vogeleltern werden mit etwas Klebstoff auf den Zweigen befestigt.

9. An Nylonschnüren, die wir beidseitig am Zweig anbringen, können wir unser Mobile dann aufhängen.

Ententischschmuck

ENTENTISCHSCHMUCK

Alter
ab 6 Jahre
Material
Pauspapier
Bleistift
gelber Tonkarton
Schere
Cutter
Deckweiß und Pinsel
Filzstifte
Klebstoff
Ostergras
Blumen- oder Steck-
draht

Hefeteig-Entchen:
Alter
ab 8 Jahre (mit Hilfe
eines Erwachsenen)
Zutaten
500 g Mehl
Mehl zum Ausrollen
30 g Hefe
1 großes Ei
50 g Zucker
1 Messerspitze Salz
100 g Butter
etwas Milch (lauwarm)
Rosinen
1 Ei
Geräte
Schüsselchen
Pauspapier
Bleistift
Schere
Rest saubere Pappe
Nudelholz
Messer
Backpapier
Backblech
Kuchenpinsel

Hier finden Sie gleich drei Enten-Basteleien, mit denen Kinder den Ostertisch schmücken können. Nach dem Basteln der Tischkarten macht es den Kindern sicher Spaß, die Tischordnung festzulegen. Die Hefeteig-Entchen können praktischerweise nach der Mahlzeit als „Nachtisch" aufgegessen werden.

Tischkarten

1. Die Vorlage für die Tischkarte übertragen wir vom Vorlagebogen auf Tonkarton.

2. Beim Ausschneiden des Entenmotivs müssen wir dann sehr vorsichtig sein. Mit dem Cutter schneiden wir die Form der Ente ein.

3. Die mittlere Faltlinie ritzen wir leicht vor und knicken die Karte. Jetzt müßte die Ente „oben" auf der Karte sitzen.

4. Die Augen der Ente malen wir mit Deckweiß. Dann werden Schnabel, Konturen und das Innere der Augen mit Filzstift aufgemalt.

5. Unter die Ente kleben wir noch etwas Ostergras – fertig ist die Karte zum Beschriften.

Entenstecker

Die Enten werden nach demselben Prinzip gebastelt wie die „Ente im Kressekörbchen" auf Seite 18.

1. Die Entenform übertragen wir vom Vorlagebogen auf Tonkarton und schneiden sie aus.

2. Wie bei der Tischkarte bemalen wir die Enten mit Deckweiß und Filzstift. Wichtig ist dabei, daß wir jeweils gleichviele Enten haben, die nach rechts und die nach links schauen.

3. Je zwei Enten werden jetzt gegeneinander geklebt, vorher legen wir ein Stück Blumen- oder Steckdraht dazwischen. Die Enten drücken wir fest zusammen, bis der Kleber vollständig getrocknet ist.

4. Wer will, kann an die Unterseiten der Enten noch etwas Ostergras kleben. Wenn wir sie aber zum Beispiel in einen „Bubikopf" stecken, ist das nicht notwendig.

Hefeteig-Entchen

1. Das Mehl sieben wir in eine Schüssel, drücken in die Mitte eine Vertiefung und bröseln dort die Hefe hinein. Diese verrühren wir mit etwas warmer Milch zum sogenannten Vorteig.

2. Wir lassen den Vorteig etwa 20 Minuten ruhen, die Schüssel decken wir solange ab.

3. Wir bringen die Butter zum Schmelzen (sie darf aber nicht zu heiß werden) und verrühren sie mit dem Vorteig, Zucker, Salz und einem Ei zu einer festen Masse. Nach Bedarf geben wir noch etwas warme Milch hinzu.

Wir kneten den Teig so lange, bis er glatt ist, dann lassen wir ihn nochmals etwa eine halbe Stunde ruhen.

4. Während der Teig geht, stellen wir die Entenschablonen her. Dazu übertragen wir die Entenform vom Vorlagebogen auf Tonkarton und schneiden sie aus.

5. Auf einer bemehlten Fläche rollen wir den Hefeteig etwa 2–3 cm dick aus. Wir legen die Entenschablone auf den Teig und schneiden die Entenform mit einem Messer in den Teig. Dann heben wir die Teigente vorsichtig von der Arbeitsfläche und legen sie auf das Backblech.

6. Sind alle Enten fertig ausgeschnitten, verquirlen wir ein Ei und bestreichen sie mit Hilfe eines Kuchenpinsels damit. Als Auge drücken wir Rosinen in den Teig.

7. Im vorgeheizten Backofen müssen die Enten etwa 15–20 Minuten bei 210 Grad backen.

Keime und Sprossen

KEIME UND SPROSSEN

Alter
ab 5 Jahre
Material
Zum Sprossenziehen:
1 Glas
je etwa 10 ungeschälte,
getrocknete Erbsen,
Linsen und Weizen-
oder Roggenkörner
Mungobohnen
1 kleines Haarsieb
1 Deckel in der Größe
des Siebes

Als Beilage für ein
Gericht:
etwa 2 EL Körner nach
Geschmack
1 leeres Marmeladen-
glas
Gaze
Gummiring

Keime und Sprossen beim Wachsen zu beobachten und später zu kosten wird Ihren interessierten Kindern sicher gefallen, denn dabei ereignen sich in der Küche kleine Naturwunder.
Getrocknete Erbsen und Linsen haben Sie bestimmt im Haus; Weizen, Roggen oder Mungobohnen gibt es in Naturkostläden lose zu kaufen. Für einen ersten Versuch genügt eine kleine Menge.

1. Wir geben die Erbsen, Linsen, Weizen- oder Roggenkörner und Mungobohnen in ein Glas, gießen Wasser darüber und lassen es etwa 12 Stunden stehen.

2. Nun schütten wir die Körner über dem Spülbecken in ein Haarsieb und lassen frisches Wasser darüber laufen. Das Sieb stellen wir zum Abtropfen auf einen Behälter.
Bereits jetzt können wir beobachten, daß sich etwas verändert hat. Die eingeweichten Körner sind alle viel dicker geworden. Sie haben sich nämlich mit Wasser vollgesogen.

3. Jetzt brauchen wir etwas Geduld, denn 1–2 Tage sieht es so aus, als würde nichts weiter geschehen. In dieser Zeit müssen wir aber 2- bis 3mal pro Tag frisches Wasser über die Körner laufen lassen und danach immer einen Deckel darüber legen, damit sie auch feucht bleiben. Schließlich können wir beobachten, daß sich die ersten Keime gebildet haben.

4. Wir „gießen" das Ganze weiterhin regelmäßig und merken, daß es im Sieb immer voller wird. Wenn die Keime etwa 2 cm gewachsen sind, können wir sie probieren. Sie schmecken frisch und knackig. Die einen etwas süßlich, die anderen ganz leicht bitter. Länger als 2–3 cm sollten wir sie aber nicht wachsen lassen, da die Spitzen sonst braun werden und der Geschmack dann verlorengeht.

5. Wer an der einen oder anderen Sorte Geschmack gefunden hat, kann sich seine Lieblingssprossen nochmal alleine ziehen, und ein Gericht daraus zubereiten. Wir weichen dazu etwa 2 Eßlöffel von einer Sorte Körner ein. Diesmal füllen wir sie in ein leeres Marmeladenglas, decken etwas Gaze darüber und befestigen sie mit einem Gummiring. Dadurch können wir problemlos Wasser einfüllen und abgießen, und es kommt immer genügend Luft an die Körner.

Wir stellen das Glas mit der Öffnung nach unten, schräg abgestützt, auf und warten 3–4 Tage, bis die Sprossen gewachsen sind. Natürlich müssen wir auch hierbei täglich 2- bis 3mal mit frischem Wasser spülen.

Gemüsesuppe mit Linsen- oder Erbsensprossen

Auch eine Gemüsesuppe läßt sich mit verschiedenen Zutaten variieren. Vielleicht bummeln Sie mal zusammen mit Ihrem Kind über den Wochenmarkt und halten nach verschiedenen Gemüsesorten Ausschau.

1. Karotte, Sellerie, Kartoffel und Kohlrabi schälen und waschen wir, schneiden alles in kleine Würfel und geben es in eine Schüssel.

2. Von der Lauchstange entfernen wir welke Blätter. Wir teilen sie der Länge nach durch, waschen sie gründlich und schneiden sie in Streifen. Der Zucchino wird gewaschen und ungeschält in Scheiben geschnitten, wobei wir das obere und untere Ende nicht verwenden. Lauch und Zucchinischeiben legen wir in eine andere Schüssel.

3. Wir messen 1 Liter Wasser ab, füllen es zusammen mit den Brühwürfeln in einen Topf und bringen es kurz zum Kochen.

4. In einem anderen Topf erhitzen wir die Margarine und geben Gemüsewürfel und Sprossen dazu. Unter häufigem Umrühren lassen wir alles etwa 5 Minuten andünsten.

5. Jetzt gießen wir die heiße Brühe darüber, bringen die Suppe zum Kochen und geben Nudeln, Zucchinischeiben und Lauchstreifen dazu. Wir schalten auf Stufe 1, decken den Topf ab und lassen dann alles 15–20 Minuten garen. Dabei müssen wir gelegentlich umrühren.

6. Nachdem wir die Suppe in Teller gefüllt haben, können wir geriebenen Käse darüber streuen.

GEMÜSESUPPE MIT LINSEN- ODER ERBSENSPROSSEN

Alter
ab 4 Jahre
Teilnehmer
allein oder in einer Gruppe
Zutaten für 4 Personen
1 Karotte
1 Stange Lauch
1 Stück Sellerie
1 Kartoffel
1 Kohlrabi
1 kleiner Zucchino
1 Tasse Erbsen- oder Linsensprossen
2 Gemüsebrühwürfel
2 EL Margarine
2 EL Sternchen- oder Buchstabennudeln
geriebener Käse

Ente im Kressekörbchen

**ENTE
IM KRESSEKÖRBCHEN**

Alter
ab 5 Jahre
Material
kleiner Korb, mit
Wachstuch oder Folie
ausgelegt
Blumenerde
Kressesamen
Schere
Bleistift
Pauspapier
Tonkarton in Gelb, Orange,
Pink und Rot
Steckdraht
Klebstoff
Deckweiß
Filzstift
Schleifenband

Wenn Sie Ihrem Kind die Möglichkeit geben wollen, zu beobachten, wie aus Samenkörnern Pflanzen heranwachsen, so eignet sich Kresse dafür sehr gut. Die Samen keimen nicht nur auf Erde, sondern auch auf Watte oder Küchenpapier – vorausgesetzt, Sie halten alles gut feucht. Innerhalb von etwa fünf Tagen entwickelt sich der Samen zur Pflanze, so daß Ihr Kind mit Spannung die Veränderungen von einem Tag auf den anderen verfolgen kann.

Kresse

1. Haben wir einen mit Wachstuch ausgelegten Korb, so können wir ihn mit Erde füllen und die Kressesamen darauf streuen. Wenn nicht, legen wir erst eine Folie in den Korb und füllen dann die Erde ein. Die überstehende Folie schneiden wir ab.

2. Jetzt streuen wir die Samen auf die Erde und drücken sie fest. Wir dürfen natürlich nicht vergessen, sie regelmäßig zu gießen

Ente

1. Zuerst übertragen wir alle Teile vom Vorlagebogen auf den Tonkarton. Die Entenform schneiden wir dabei je zweimal aus.

2. Die beiden Grundformen kleben wir übereinander, dazwischen legen wir ein Stück Steckdraht, so daß wir die Enten später in den Korb stecken können. Am besten legen wir die Teile zum Trocknen des Klebstoffes unter ein schweres Buch.

3. Dann kleben wir der Ente von beiden Seiten Schnabel, Halstuch und Hut auf. Die Flügel kleben wir nicht ganz fest, so daß sie etwas abstehen.

4. Zum Schluß malen wir mit Deckweiß und Filzstift noch Augen und Schnabelkonturen auf.

5. Jetzt kann die Ente in die Kressewiese gesteckt werden. Als zusätzliche Verzierung können wir noch eine schöne Schleife am Korb anbringen.

Eine Blume wächst

EINE BLUME WÄCHST

Alter
ab 4 Jahre
Teilnehmer
Gruppe
Material
passende Musik
Tücher

Im Frühling steht das Thema Wachsen im Mittelpunkt. Nachdem wir mit den Kindern bei einem Spaziergang die wachsende Natur beobachtet und vielleicht selbst etwas gepflanzt haben, können wir dieses Thema auch einmal als Tanzspiel umsetzen. Erklären Sie den Kindern die einzelnen Wachstumsstufen der Pflanzen, und animieren Sie sie dazu, diese einzelnen Phasen mit verschiedenen Körperbewegungen zur Musik nachzuempfinden. Am besten paßt hierbei klassische Musik für Kinder, zum Beispiel „Morgenstimmung" von Edvard Grieg.

Wir stellen uns vor, wir wären alle Samenkörner; verteilen uns gleichmäßig im Raum, legen uns hin und machen uns ganz klein. *(Jedes Kind deckt sich mit einem Tuch zu.)*

Sobald die Musik einsetzt, dürfen die Samenkörner wachsen. Jedes Kind versucht nun als Blumensamen ganz allein und in seinem eigenen Rhythmus zu wachsen.

1. Wir bewegen uns und strecken die Beine. *(Wurzeln bilden sich aus.)*

2. Wir werfen das Tuch ab. *(Der Samen durchbricht die Erde.)*

3. Wir stehen langsam auf. *(Das Pflänzchen wächst.)*

4. Die Arme bilden langsam einen Kreis über dem Kopf. *(Die Blüte entfaltet sich.)*

7. Wir fallen langsam zur Erde. *(Die Blume ist verwelkt.)*

Die Musik setzt aus, wenn alle Blumen verblüht sind, also alle Kinder ruhig am Boden liegen.

5. Wir bewegen die Arme hin und her. *(Die Blume wiegt sich im Frühlingswind.)*

Die Musik wird leiser.

6. Wir senken langsam Arme und Kopf. *(Die Blüte welkt.)*

Osterkranz mit Küken

OSTERKRANZ MIT KÜKEN

Alter
ab 6 Jahre (mit Hilfe
eines Erwachsenen)
Material
Styroporkranz, Ø etwa
20 cm
grünes Kreppapier
Schere
Klebstoff
Ostergras
Bleistift
gelber Tonkarton
Regenbogen-Buntpapier
in Grün, Gelb
und Orange
Filzstift
Nadel
Faden
Schleifenband

Das Basteln der Küken aus Tonkarton erfordert etwas Geschicklichkeit. Mit kleineren Kindern
können Sie auch nur den Kranz
basteln und diesen dann zum Beispiel mit bunten Schokoladeneiern
dekorieren.

1. Zuerst umwickeln wir den Kranz mit
grünem Kreppapier. Dazu schneiden
wir von der Krepprolle etwa 2 cm breite Streifen ab und wickeln diese um
den Kranz. Die Enden kleben wir fest.

2. Danach bekleben wir die Vorderseite
des Kranzes rundherum mit Ostergras
und drücken es gut fest.

3. Die Vorlage für die Eier übertragen
wir vom Vorlagebogen auf gelben Tonkarton und schneiden sie aus.

4. Jetzt hinterkleben wir die Eier mit
grünem Regenbogen-Buntpapier.

5. Die Küken übertragen wir ebenfalls
vom Vorlagebogen und schneiden sie
aus gelbem Buntpapier aus, für die
Schnäbel und Füße verwenden wir
orangefarbenes Papier. Wir kleben die
Küken mit Füßen und Schnäbeln in
die Eier, die Augen der Küken malen
wir mit Filzstift auf.

6. Durch die Eier stechen wir mit einer Nadel ein Loch, ziehen Fäden hindurch und stecken oder kleben sie so im Kranz fest. Am oberen Rand verzieren wir ihn noch mit einem Schleifenband zum Aufhängen und einer dicken Deko-Schleife.

Anhänger

Wenn wir das „Küken im Ei" als Anhänger für den Osterstrauß verwenden wollen, kleben wir zwei der Tonkartoneier gegeneinander, so daß der Anhänger zwei „schöne" Seiten hat.

Ostergarten

OSTERGARTEN

Alter
ab 4 Jahre
Material
Lappenmoos
dünne gerade Zweige
Messer
Säge
Holzleim
Kordel
Maßband
Forsythienzweige
Osterglocken
1 Strohpüppchen
(Bastelbedarf)
Dauer
ca. 1 Stunde

Ostern ohne ein Osternest ist für Kinder wohl kaum vorstellbar. Eine etwas aufwendigere Variante ist dieser Ostergarten, der auch nach Ostern noch ein hübscher Schmuck für den Garten sein kann.

1. Wir suchen uns eine geeignete Stelle im Garten und breiten darauf einen Teil des Lappenmooses auf einer Fläche von etwa 30 x 50 cm aus.

2. In einer Ecke bauen wir das Nest auf. Wir wickeln einige große Moosstücke zu einer Rolle auf und formen sie zu einem Nest. Das Innere des Nestes legen wir nochmal mit Moos aus.

3. An der Vorderseite des Gartens stellen wir einen Zaun auf. Dazu nehmen wir 6 Stöckchen mit einer Länge von je 10 cm und stecken sie

in einem Abstand von je 10 cm in den Boden. Das sind unsere Zaunpfähle. Dazwischen binden wir mit der Kordel jeweils zwei Stöckchen über Kreuz an den „Zaunpfählen" fest.

4. An den drei anderen Seiten unseres Gartens stecken wir Forsythien- oder andere blühende Zweige in den Boden und verzieren den Garten mit Osterglocken, Hyazinthen o. ä.

6. Das Bänkchen stellen wir in den Garten und setzen das Püppchen darauf. Wir können den Garten auch noch mit anderen österlichen Utensilien schmücken, zum Beispiel einem Häschen oder einem Huhn. Nun kann der Osterhase kommen!

5. Für das Bänkchen halbieren wir drei 15 cm lange gerade Stöckchen. Außerdem benötigen wir zwei Stöckchen von 11 cm Länge und vier von 6 cm Länge. Nun verbinden wir die Teile wie folgt: Wir stellen zuerst Rükkenlehne und Sitzfläche zusammen. Danach befestigen wir die Sitzfläche an der Rückenlehne und kleben zum Schluß die Beine an. An den angegebenen Stellen kerben wir die Hölzer etwas ein, damit die Rundungen aufeinanderpassen.

Osterkörbchen „Hasenreigen"

Beim Übertragen der Vorlage und beim Ausschneiden der Umrisse für das Körbchen brauchen die Kinder vielleicht etwas Hilfe. Anstatt das Körbchen mit Nascherei en zu füllen, kann man es auch als Übertopf für eine kleine Topfpflanze verwenden – in jedem Fall entsteht ein wunderschönes Ostergeschenk.

1. Die Vorlage für das Körbchen übertragen wir vom Vorlagebogen auf Tonkarton und schneiden sie aus.

2. Die Faltlinien ritzen wir leicht vor und knicken sie. Dann kleben wir das Körbchen jeweils an den Kleberändern zusammen.

3. Die Augen malen wir mit Deckweiß auf die Hasengesichter und lassen es anschließend gut trocknen.

4. Die Wimpern, das Augeninnere sowie die Krallen malen wir mit Filzstift auf. Die Pfoten und Ohrmuscheln schneiden wir aus rosafarbenem Tonkarton aus und kleben sie auf.

5. Nun fehlt noch das Hasenmaul: die Zähne malen wir mit Deckweiß auf, die Barthaare und die Nase schneiden wir aus schwarzem Tonkarton und kleben sie auf.

6. Jetzt müssen wir das Körbchen nur noch füllen – erst mit etwas Ostergras und dann mit Ostereiern, Süßigkeiten oder anderen Überraschungen.

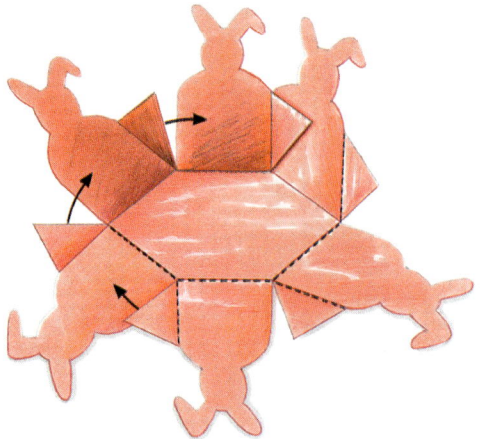

Transparentpapier-Eier

Ganz besonderen Spaß macht es Kindern, Eier auszublasen. Wenn es schnell gehen soll, können Sie aber auch Plastikeier verwenden. Die mit Transparentpapier beklebten Eier können als Strauchschmuck zum Beispiel an Weidenzweige oder Buchsbaumkränze gehängt werden.

1. Zuerst reißen wir Transparentpapier in möglichst kleine Schnipsel.

2. Nun streichen wir mit einem Pinsel ein ausgeblasenes oder ein Plastik-Ei mit dem zuvor laut Packungsanleitung angerührten Tapetenkleister ein. Dazu stellen wir das Ei am besten in einen Eierbecher und bearbeiten erst eine Hälfte.

3. Die Transparentpapierschnipsel drücken wir nun fest auf den Kleister. Über diese Schnipsel streichen wir dann nochmals Kleister und kleben eine zweite Lage Schnipsel auf, so daß das Ei vollständig bedeckt ist.

4. Sind die Transparentpapierschnipsel gut getrocknet (das dauert einige Stunden), können wir das Ei umdrehen und die andere Hälfte bekleben.

5. Nun schmücken wir das Ei noch mit einer Schleife vom Vorlagebogen. Dazu übertragen wir die Vorlage für die Schleife auf Regenbogen-Buntpapier und schneiden sie aus. Die Schleife kleben wir dann rund um das Ei.

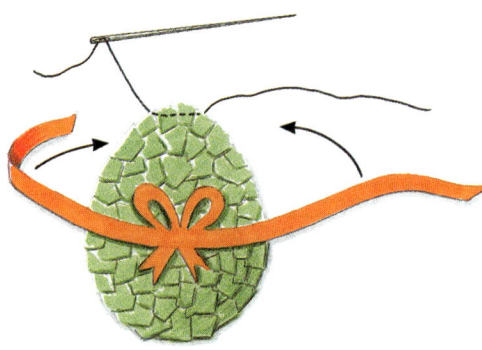

6. Damit wir das Ei auch anhängen können, ziehen wir mit Hilfe einer Nadel vorsichtig einen Faden durch das Transparentpapier an der oberen Spitze des Eies und verknoten ihn.

TRANSPARENTPAPIER-EIER

Alter
ab 4 Jahre
Material
ausgeblasene Eier oder Plastikeier
Transparentpapier in verschiedenen Farben
Schere
Tapetenkleister
Pinsel
Eierbecher
Pauspapier
Bleistift
Regenbogen-Buntpapier
Nadel
Faden

Osterbaum

OSTERBAUM

Alter
ab 6 Jahre (mit Hilfe
eines Erwachsenen)
Material
1 Tonblumentopf,
Ø ca. 36 cm
Blumenerde
Grassamen oder Hafer
2 m Holzleiste (2 cm
breit, 1,5 cm hoch)
Maßband
Bleistift
Säge
Nägel
Hammer
lange Efeuranken
Blumendraht
Schleifenband

Es ist eine alte Tradition, Zimmer und Fenster für Feste wie Ostern und Weihnachten zu schmücken. Ein eindrucksvoller Raumschmuck ist dieser Osterbaum, den Sie gemeinsam mit Ihren Kindern anfertigen können. Das Einsäen des Blumentopfes können die Kinder schon allein übernehmen. Dies sollte etwa zwei Wochen vor der Anfertigung des Baumes geschehen, so daß der fertige Baum dann gleich „im Grünen" steht. Handwerklich geschickte Kinder können die Leisten fast ohne Hilfe zuschneiden und festnageln. Das Umwickeln der Leisten mit Efeuranken geht am besten zu zweit.

1. Wir füllen den Blumentopf mit Erde, säen darauf das Gras oder den Hafer (Hafer keimt schneller als Gras und die Halme sind dicker) und drücken die Erde mit der Hand etwas fest. Regelmäßiges Gießen nicht vergessen!

2. Für die Anfertigung des Baumes sägen wir die Holzleiste in fünf Teile. Dafür messen wir mit dem Maßband folgende Längen ab, markieren sie mit dem Bleistift und sägen sie zu: 1 x 15 cm, 1 x 25 cm, 1 x 35 cm, 1 x 45 cm und 1 x 70 cm.

3. Nun werden die Teilstücke zusammengenagelt.

4. Nachdem das Gerüst fertiggestellt ist, beginnen wir, die Efeuranken um den Baum zu binden. Zuerst wird der Stamm von oben nach unten umwickelt. Einer hält den Baum fest, der andere legt die Efeuranken spiralförmig in mehreren Schichten um den Stamm und bindet sie mit Blumendraht fest, bis das Lattengerüst nicht mehr zu sehen ist. Die unteren 20 cm des Stammes bleiben frei. Dieser Teil wird später in die Erde gesteckt.

5. Dort, wo die Efeuranken noch Lücken gelassen haben, stecken wir einzelne Efeublätter in das Geflecht. Wir können deren Stengel unter den Draht stecken, damit sie nicht verrutschen.

6. Zum Schluß schauen wir noch einmal, ob das Grün rundherum gleichmäßig verteilt ist, damit der Baum von allen Seiten schön anzusehen ist.

7. Den fertigen Baum stecken wir in den Blumentopf und binden eine große Schleife um den oberen Rand des Topfes.
Jetzt können wir die gefärbten Eier (s. Anleitung „Bunte Ostereier") an die Äste des Baumes hängen.

Bunte Ostereier

Es macht den Kindern sicher Spaß, Eier auszublasen, zu färben und sie dann mit Ihrer Hilfe an den vorher gemeinsam angefertigten Osterbaum zu hängen.

1. Bevor wir die Eier färben, müssen sie ausgeblasen werden. Dafür waschen wir sie zunächst vorsichtig mit warmem Wasser.

2. Nun stechen wir mit dem Eierpiekser je ein Loch in die Eipole, welches wir dann mit dem Schraubendreher durch vorsichtiges Drehen erweitern.

3. Wir halten das Ei an den Mund und pusten, als ob wir einen Luftballon aufblasen, so lange in eines der Löcher hinein, bis beim anderen Loch der Inhalt des Eies herausgekommen ist. Anschließend wird das Ei mit Wasser ausgespült und mit Küchenkrepp abgetrocknet.

4. Nun können wir mit dem Färben beginnen. Wir kochen etwa 25–30 g des Färbemittels mit einem Liter Wasser auf und lassen das Ganze 15 Minuten ziehen. Dann gießen wir den Sud durch das Sieb ab.

5. In die noch heiße Flüssigkeit legen wir nun die Eier und beschweren sie vorsichtig mit dem Teller. Je länger die Eier in der Flüssigkeit liegen, desto intensiver wird ihre Farbe. Während des Färbens müssen wir die Eier einige Male drehen, damit die Farbe auch gleichmäßig angenommen wird.

6. Wir nehmen die Eier heraus und lassen sie auf Küchenkrepp oder in einem Eierkarton abtropfen.

7. Zum Aufhängen der Eier schneiden wir von der Goldkordel jeweils 10 Zentimeter lange Stücke ab, die wir an ein kurzes Stück Zahnstocher knoten. Diesen stecken wir in das Loch am spitzen Ende des Eies. Beim Zurückziehen stellt sich der Zahnstocher quer und der Faden sitzt fest. Nun kann der Osterbaum mit den Eiern dekoriert werden.

BUNTE OSTEREIER

Alter
ab 5 Jahre (mit Hilfe eines Erwachsenen)
Material
10 weiße Hühnereier
1 Eierpiekser
1 kleiner Kreuzschlitzschraubendreher
1 Schüssel
Naturfarben zum Eierfärben
1 alter Topf
1 Teesieb
Küchenkrepp
1 Teller in der Größe des Topfes
Holzzahnstocher
Goldfaden
Dauer
ca. 1 Stunde

Schoko-Ei

SCHOKO-EI

Alter
ab 4 Jahre (mit Hilfe
eines Erwachsenen)
Material
1 ausgeblasenes Ei mit
einem größeren Loch
Zutaten
4 Rippen Schokolade
(ca. 60 g)
4 EL Wasser
Geräte
1 großer flacher
Kochtopf
1 Sahnekännchen
1 Eßlöffel
Topflappen
Eierbecher oder -karton

Manchmal mißlingt das Ausblasen eines Eies, weil das Loch beim Einstechen zu groß ausbricht. Für diese Eier gibt es aber trotzdem noch eine Verwendungsmöglichkeit ...

1. Wir brechen die Schokolade in kleine Stücke, geben sie in ein Sahnekännchen und fügen 4 Eßlöffel Wasser hinzu. Das Sahnekännchen stellen wir in einen flachen Kochtopf und füllen diesen mit Wasser. Das Wasser bringen wir dann zum Sieden und schmelzen so die Schokolade im Wasserbad, bis sie ganz flüssig ist.

2. Das Ei, das wir innen sorgfältig ausgespült haben, stellen wir in den Eierbecher oder Eierkarton. Dann

gießen wir vorsichtig die Schokolade ein. Zum Festwerden stellen wir das Ei in den Kühlschrank.

3. Ist die Schokolade hart geworden, können wir das Ei umdrehen und wie ein gewöhnliches Frühstücksei auf den Tisch stellen.

Bilder und Dekor aus Eierschalen

BILDER UND DEKOR
AUS EIERSCHALEN

Alter
ab 5 Jahre
Material
Eierschalen
Wasserfarbe und Pinsel
Klebestift
Zahnstocher oder
Schaschlikspieß

Bilder:
dünner Karton, weiß
oder farbig

Ob es die Schale vom Frühstücksei ist, oder ob mal ein bemaltes Ei in die Brüche geht, werfen Sie die Schalen nicht weg, denn daraus lassen sich hübsche Dinge zaubern.

1. Wir spülen die Eierschalen gut ab und tupfen sie trocken, dann ziehen wir vorsichtig die weiche Innenhaut ab. Die Schalen lassen sich sonst schlecht in kleine Stückchen brechen.

2. Je nach Wunsch belassen wir die Eierschalen in Weiß und Naturbraun, oder wir malen sie mit Wasserfarben außen an und legen sie zum Trocknen auf ein Papier.

3. Für ein Eierschalenbild benötigen wir weißen oder farbigen Karton. Wir beginnen an einer beliebigen Stelle, streichen den Karton mit Klebestift ein, und legen ein etwa 2 Mark großes Stück Schale mit der Rundung nach oben darauf. Wir drücken es mit dem Finger platt, so daß die Schale zerspringt und die einzelnen Teile auf dem Karton kleben. So fahren wir mit verschiedenen Farben fort, bis unser Bild ausgefüllt ist.

Ostereier:
ausgeblasene Eier
Wasserfarben zum
Grundieren
Sprühlack

Blumentopf und
Eierbecher:
Tontopf, Ø 10–12 cm
Tontopf, Ø 5 cm
Sprühlack

4. Um eine Landschaft oder, wie hier abgebildet, ein Blumenmotiv zu gestalten, nehmen wir einen weißen Bogen Papier, legen verschiedenfarbige Eierschalen darauf und zerkleinern sie.

5. Wir streichen den Karton wieder mit Klebestift ein, befeuchten die Spitze eines Zahnstochers oder eines Schaschlikspießes mit wenig Kleber und setzen damit einzelne Schalenstückchen auf das Bild. Da wir nicht vorzeichnen, gestalten wir das Motiv nach Phantasie.

7. Bevor wir die Eier mit Eierschalen bekleben, können wir sie noch farbig grundieren. Beim Bekleben der Eier müssen wir aber besonders vorsichtig sein und die Schalenstückchen nur einzeln aufsetzen, da wir sonst das Ei zerdrücken würden. Das fertige Osterei besprühen wir dann ebenfalls mit Klarlack.

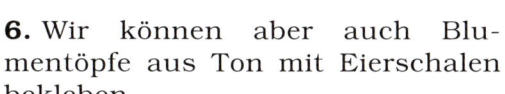

6. Wir können aber auch Blumentöpfe aus Ton mit Eierschalen bekleben.
Große Blumentöpfe können wir als Übertopf verwenden, die ganz kleinen sind genau passend als Eierbecher.
Die fertigen Töpfe überziehen wir mit farblosem Sprühlack.

Waldspaziergang

WALDSPAZIERGANG

Indianerzelte:
Alter
ab 5 Jahre
Material
6 dünne gerade Stöcke,
ca. 25 cm lang
kleine Fichtenzweige
Kordel
Taschenmesser
Dauer
ca. 20 Minuten

Pfeife:
Alter
ab 8 Jahre (mit Hilfe
eines Erwachsenen)
Material
1 Weidenstock, Länge
ca. 20 cm, Ø 1 cm
Taschenmesser
Dauer
ca. 20 Minuten

Im Wald und am Wasser herumzutollen macht fast allen Kindern zu jeder Jahreszeit großen Spaß. Dabei wollen sie aber etwas erleben und entdecken und nicht „nur" spazierengehen wie die Erwachsenen. Die folgenden Ideen zeigen, wie interessant und aufregend ein Waldspaziergang sein kann.

Das wichtigste Utensil ist ein gutes Taschenmesser, am besten mit Säge und Bohrer. Ältere Kinder sollten ein eigenes Messer bekommen, für die kleineren schneidet besser ein Erwachsener das Material zurecht.

Die folgenden Bastelideen können in einem Rollenspiel Verwendung finden, zum Beispiel beim Indianerspielen: Mit einer Pfeife geben sich die Indianer Signale; an einem Fluß, dessen Wasser sie zu einem See gestaut haben, schlagen sie ihre Zelte auf. Die Kanus liegen am Ufer, der ganze Stamm ist am Lagerfeuer versammelt, da kommt plötzlich „Kleiner Bär" völlig erschöpft von der Büffeljagd zurück und berichtet, daß ...

Indianerzelte

1. Mit dem Taschenmesser spitzen wir die Stöcke zunächst von beiden Seiten an.

2. Nun stecken wir sie kreisförmig in die Erde, so daß sie sich an den Spitzen überkreuzen, und binden sie oben mit der Kordel zusammen.

3. Anschließend spitzen wir auch die Fichtenzweige etwas an und stecken sie dicht rund um das „Gerüst", so daß das Zelt bis auf einen kleinen Eingang geschlossen ist.

Pfeife

1. Zuerst ritzen wir die Rinde des Weidenstocks in der Mitte rundherum mit dem Messer ein.

2. Ungefähr 1 cm vom oberen Rand entfernt schneiden wir einen Keil für das Pfeifenloch heraus.

3. Nun klopfen wir mit dem Griff des Messers rundherum auf den Stock. Dadurch löst sich die Rinde vom Holz.

4. Anschließend ziehen wir mit einer leichten Drehung das Rindenröhrchen vom Holz. Wir müssen natürlich am dickeren Ende des Stocks ziehen, sonst reißt das Rindenröhrchen ein.

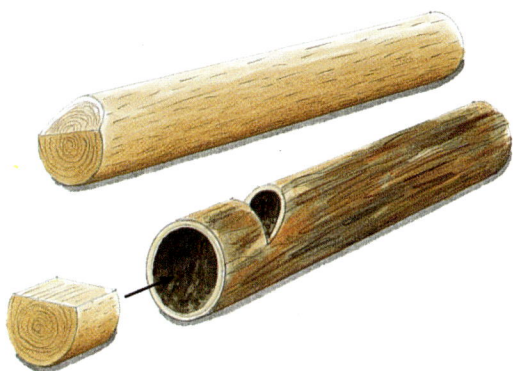

5. Von dem entrindeten Teil des Stocks schneiden wir nun ein 1 cm langes Stück ab, von diesem wiederum etwa ein Drittel.

6. Dieses Teil stecken wir als Mundstück vorn in die Pfeife.

7. Den restlichen Teil des Stocks schieben wir von der anderen Seite in das Rindenröhrchen. Je nachdem, wie weit wir das Holz hineinschieben, variiert die Tonlage.

Rindenschiffchen

RINDENSCHIFFCHEN

Alter
ab 8 Jahre
Material
Rinde
dünne Äste
Papier oder große
Blätter
Taschenmesser

BOOT AUS
HOLZRESTEN

Alter
ab 5 Jahre
Material
Brett, Länge ca. 25 cm
kleine Holzreste
Holzstab
buntes Papier
Säge
Holzleim
Schnur
Heftklammer oder
Reißzwecken

Das Rindenschiffchen ist ein Klassiker unter den selbstgebauten Schiffen. Rinde liegt oft am Wegesrand; besonders geeignet ist Kiefernrinde, da sich diese leicht schnitzen läßt.

1. Mit dem Taschenmesser schneiden wir den Schiffsrumpf zu: Ein längliches Stück Rinde wird vorn spitz zugeschnitten. Übrigens: etwas breitere Schiffe schwimmen besser als schmale.

2. Wir suchen uns zwei dünne Äste und kürzen sie auf die nötige Mastlänge.

3. Wir bohren mit dem Taschenmesser zwei Löcher in den Schiffsrumpf und stecken die Maste hinein.

4. Toll sind Segel aus großen Blättern, in die wir vorsichtig oben und unten zwei Löcher für den Mast stechen. Wir können uns aber auch Segel aus Papier zuschneiden (Maße

etwa 10 x 15 cm). Dann bohren wir oben und unten jeweils ein Loch in unsere Segel und stecken sie auf die Maste.

Boot aus Holzresten

Wenn Sie selbst keine Holzreste in Ihrem Hobbykeller haben, fragen Sie einmal in einem Baumarkt nach kostenlosem Abfallholz. Die Grundform des Bootes besteht aus einem etwa 25 cm langen Brett, das Sie vorn beidseitig spitz zusägen. Bereiten Sie diese Grundform für das Kind vor.

Wir können aus Holzresten tolle Boote basteln. Ideen für die unterschiedlichsten Bootstypen entstehen beim Durchsehen der Holzreste.

1. Wir suchen uns aus den Holzresten passende Teile heraus und legen sie probeweise auf die vorbereitete Grundform. Maste bekommen Halt, wenn wir sie seitlich an Holzstücke lehnen und später ankleben.

2. Wir streichen die Unterseiten der Holzreste mit Holzleim ein und kleben sie auf die Grundform. Die Maste kleben wir seitlich und unten an.

3. Anschließend knoten wir eine Schnur oben an die beiden Maste und befestigen ein Ende mit einer Heftklammer oder einer Reißzwecke am hinteren Teil des Bootes.

4. Für die bunten Fähnchen schneiden wir aus gefalztem Tonpapier kleine Dreiecke und kleben sie um die Schnur.

Piratenfloß

Dieses Floß ist im Nu gebaut und kann es an Schnelligkeit sicher mit den anderen Booten aufnehmen. Animieren Sie die Kinder doch dazu, ein Bootwettrennen zu veranstalten, bei dem jeder mit seinem eigenen, selbstgebastelten Boot an den Start geht.

1. Wir kleben die 15 Korken in drei Reihen zusammen. Das Viereck lassen wir mehrere Stunden, am besten über Nacht, trocknen.

2. Wir schneiden aus schwarzem Papier ein etwa 10 x 14 cm großes Quadrat als Segel zu. Von der Vorlage auf Seite 210 pausen wir den Totenkopf ab und malen ihn mit einem weißen Bleistift auf das Segel.

3. Wir bohren mit der Schere in die obere und untere Mitte des Segels kleine Löcher, durch die wir den Schaschlikspieß als Mast stecken.

4. Aus rotem Tonpapier schneiden wir ein kleines Fähnchen aus und kleben es oben um den Mast.

5. Zum Schluß stecken wir den Schaschlikspieß mit der Spitze in die Mitte unseres Floßes.

PIRATENFLOSS

Alter
ab 6 Jahre
Material
15 Weinkorken
1 Schaschlikspieß
Tonpapier in Schwarz
Tonpapierrest in Rot
weißer Buntstift
Schere
Klebstoff

Geschenktütchen mit Schoko-Pralinen

GESCHENKTÜTCHEN
MIT SCHOKO-PRALINEN

Geschenktütchen:

Alter
ab 6 Jahre
Material
Tonkarton
Bleistift
Pauspapier
Schere
Klebstoff
Tortenspitze
Geschenkpapier oder
Regenbogen-Buntpapier
Kreppapier
Schleifenband

Diese kleinen Tütchen sehen wie Mini-Schultüten aus. Das Basteln der Tütchen eignet sich eher für ältere Kinder, die jüngeren können das Zubereiten der Pralinen übernehmen.

Geschenktütchen

1. Die Vorlage für die Tütchen übertragen wir vom Vorlagebogen auf Tonkarton und schneiden sie aus.

lassen sich hier besser helfen. Die Klebenaht drücken wir so lange zusammen, bis der Klebstoff getrocknet ist — so geht die Naht nicht wieder auf.

3. Jetzt verzieren wir die Tüten mit Regenbogen-Buntpapier oder Geschenkpapier: Der Phantasie sind hier keine Grenzen gesetzt, und sicher fallen uns noch andere als die hier gezeigten Gestaltungsmöglichkeiten ein.

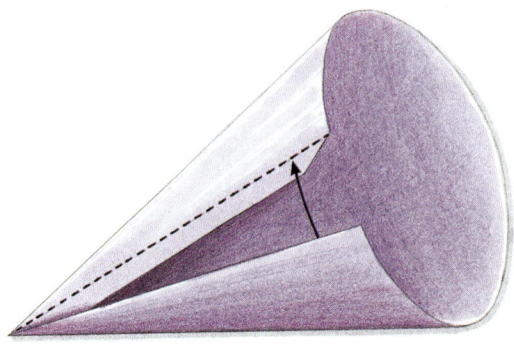

2. Am Kleberand kleben wir die Tüten vorsichtig zusammen. Kleinere Kinder

4. Von einem Tortendeckchen schneiden wir nun den runden Spitzenrand ab. Einen Streifen, der so lang ist, daß er genau in die Öffnung paßt, kleben wir zusammen und dann in der Öffnung fest. Den Klebstoff gut trocknen lassen!

5. Wir schneiden aus Kreppapier einen etwa 20 cm breiten Streifen, der so lang ist, daß er in die Öffnung paßt. Den Streifen kleben wir vorsichtig hinein – dann kann die Tüte gefüllt und zugebunden werden.

Schoko-Pralinen

1. Die Kuvertüre schneiden wir in Stücke und füllen sie in den kleinen Topf.

2. Diesen stellen wir in den mit etwas Wasser gefüllten großen Topf. Wir stellen die Herdplatte an, und wenn das Wasser heiß wird, schmilzt auch die Schokolade. „Schmelzen im Wasserbad" nennt man das.

3. Wenn die Schokolade ganz geschmolzen ist, geben wir die Mandelstifte und die Cornflakes dazu und rühren alles um.

4. Dann nehmen wir den Topf aus dem Wasserbad. Mit einem Teelöffel setzen wir kleine Häufchen der Schokoladenmasse auf Backpapier.

5. Jetzt müssen die Pralinen nur noch trocknen – fertig sind sie zum Verpacken.

Schoko-Pralinen:
Alter
ab 4 Jahre
Material
200 g Kuvertüre (Halbbitter oder Vollmilch)
100 g Mandelstifte
100 g Cornflakes (evtl. eine Handvoll Rosinen)
Geräte
einen kleinen und einen großen Topf
Kochlöffel
Teelöffel
Backpapier
Zubereitungszeit
20 Minuten

Blumensträußchen aus Kreppapier

**BLUMENSTRÄUSSCHEN
AUS KREPPAPIER**

Alter
ab 8 Jahre (mit Hilfe
eines Erwachsenen)
Material
Kreppapier
Schere
Blumendraht
Drahtzange
Klebstoff
Biedermeiermanschette

Bei dieser Bastelarbeit mit buntem Kreppapier können Sie das Farbempfinden und die Geschicklichkeit der Kinder beim Umgang mit der Schere schulen. Die Sträußchen können zwei-, mehrfarbig oder kunterbunt sein und sind sicherlich ein tolles Geschenk zum Muttertag.

2. Etwa 6 solcher Zwirbelfransen schneiden wir ab und binden sie mit Blumendraht zusammen.

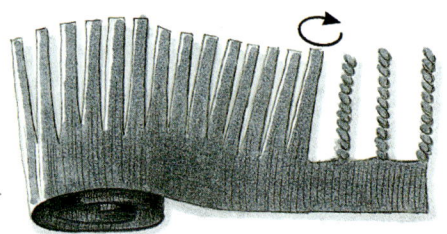

1. Zuerst stellen wir die Blütengefäße der Blumen her. Dafür schneiden wir von einer Kreprolle einen etwa 5 cm breiten Streifen ab. Ein Stück dieses Streifens schneiden wir in Fransen und zwirbeln die einzelnen Fransen zwischen den Fingern fest zusammen.

3. Von einer andersfarbigen Kreppapierrolle schneiden wir wieder einen etwa 5 cm langen Streifen ab und schneiden den noch zusammengerollten Streifen blütenförmig ein.

4. Nun bauschen wir das blütenförmig geschnittene Kreppapier in zwei bis drei Lagen um die Staubgefäße und binden es mit einem Blumendraht-stück zusammen.

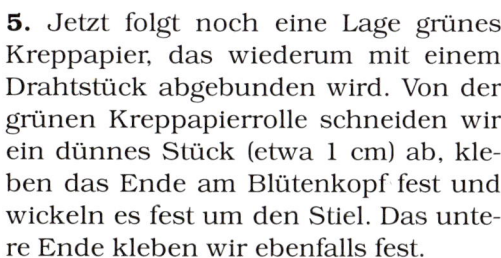

5. Jetzt folgt noch eine Lage grünes Kreppapier, das wiederum mit einem Drahtstück abgebunden wird. Von der grünen Kreppapierrolle schneiden wir ein dünnes Stück (etwa 1 cm) ab, kleben das Ende am Blütenkopf fest und wickeln es fest um den Stiel. Das untere Ende kleben wir ebenfalls fest.

6. Für ein Blumensträußchen wie dieses brauchen wir etwa zehn Blumen. Farblich sollten sie zusammenpassen. Wir fassen die Blumen zu einem Strauß zusammen. Wenn uns die Anordnung gefällt, binden wir alle Stiele mit einem Draht zusammen und umwickeln sie nochmals mit einem dünnen Kreppstreifen. Dann können wir den Strauß in die Manschette stecken.

Eierkartonblumen

EIERKARTONBLUMEN

Alter
ab 5 Jahre
Material
Eierkartons
Schere
Plakafarbe
Pinsel
Wattekugeln
Klebstoff
Pfeifenputzer
grünes Tonpapier
Pauspapier
Bleistift

Diese lustigen Eierkartonblumen kann man in Vasen stellen oder in Töpfe mit Steckmoos stecken. Da die Stiele aus Pfeifenputzern gemacht werden, sind sie beweglich und können in natürliche Positionen gebogen werden.

3. Mit einer spitzen Schere bohren wir Löcher in die Wattekugeln und kleben Pfeifenputzer hinein.

1. Aus dem Eierkarton schneiden wir zuerst einzelne Hütchen heraus. Ihre Ränder schneiden wir dann blütenförmig ein.

2. Diese Blütenformen bemalen wir mit Plakafarben ebenso wie die Wattekugeln, die unsere Blütenstempel werden. Blütenblätter und Blütenstempel sollten natürlich unterschiedliche Farben haben.

4. In die Blütenformen werden ebenfalls Löcher gebohrt. Die Blütenformen ziehen wir über die Pfeifenputzer, bis die Wattekugel in der Blütenform sitzt (evtl. mit Klebstoff fixieren).

5. Wir übertragen die Vorlage für die grünen Blätter vom Vorlagebogen auf Tonpapier und schneiden sie aus. In den Knick der Blätter bohren wir wieder ein Loch und ziehen die Blätter über den Stiel – fertig ist unsere Eierkartonblume.

Geschenkanhänger „Glücksherzen"

Dieser Anhänger läßt sich schnell basteln, wenn man noch das letzte „Tüpfelchen" auf einer Geschenkverpackung braucht. Kinder können damit ihre eigenen Geschenke verzieren oder zu den Geschenken der Erwachsenen beisteuern.

1. Wir schneiden aus Tonpapier ein Quadrat in der Größe 12 x 12 cm aus.

2. Wir falten es diagonal und klappen es wieder auf.

3. Wir falten es diagonal zur anderen Ecke und klappen es wieder auf.

4. Wir falten eine Ecke so, daß die Spitze den Mittelpunkt berührt.

5. Die anderen drei Ecken falten wir ebenfalls in die Mitte.

6. Wir stellen mit Hilfe der Vorlage auf dem Vorlagebogen eine Herzschablone her, legen sie auf die vier Seiten des Faltbriefes, umranden sie jeweils mit Bleistift und schneiden die Herzen aus.

7. Mit dem Bürolocher machen wir ein Loch, durch das wir ein Stück Kordel ziehen.

GESCHENKANHÄNGER
„GLÜCKSHERZEN"

Alter
ab 4 Jahre
Material
Tonpapier
Lineal
Bleistift
Schere
Bürolocher
Geschenkkordel

Bast-eleien

BAST-ELEIEN

Alter
ab 5 Jahre
Material
Für die Herzen:
Bast, naturfarben oder
gefärbt
Schere
Faden

Für die Serviettenringe:
leere Toilettenpapier-
oder Folienrolle
Küchenmesser
Klebstoff
Wäscheklammer

Ein Bastherz „pur" oder als kleiner Anhänger für eine hübsche Geschenkverpackung zum Muttertag und Serviettenringe für den sonntäglichen Tisch – Sie müßten vielleicht nur beim Flechten des Zopfes Hilfestellung leisten.

Herzen

1. Wir schneiden 15 Bastschnüre auf eine Länge von ca. 60 cm zu. Dabei können wir eine Farbe wählen oder mehrere miteinander kombinieren.

2. Am oberen Ende knoten wir die Schnüre zusammen und flechten aus den 3 Strängen zu je 5 Schnüren einen Zopf.

3. Wir halten das obere und untere Ende des Zopfes zusammen, umwickeln es 2- bis 3mal mit Bast und verknoten es. Dadurch ist eine große Schlaufe entstanden. Deren Mitte binden wir jetzt so zusammen, daß sie zu den verknoteten Enden zeigt. So bildet sich ein Herz.

4. Die Schlaufe und den überstehenden großen Knoten schneiden wir kurz ab und ziehen am oberen Teil einen Faden als Aufhänger durch.

Serviettenringe

1. Mit einem Küchenmesser schneiden wir eine leere Toilettenpapier- oder Folienrolle in etwa 2 cm breite Ringe.

2. Wir nehmen ein etwa 2 m langes Stück Bast, halten ein Ende an der Innenseite des Ringes fest und umwickeln ihn in dichten Reihen einmal rundherum. Die restliche Bastschnur schneiden wir kurz ab und kleben das Ende innen fest. Bis zum Trocknen halten wir es mit einer Wäscheklammer zusammen.

Fensterbild Baum

Wenn Sie aus dem Fenster schauen, und es regnet mal wieder, dann betrachten Sie doch lieber den Baum, der darin hängt. Ihn erschüttert kein Wetter, und es fallen keine Blüten ab – sofern sie gut angeklebt sind.

1. Wir sammeln einige dünne verästelte Zweige in etwa einer Länge. Wir halten sie wie einen Blumenstrauß zusammen und knicken die Verästelungen im unteren Drittel ab. Die „Stiele" wickeln wir mit Faden oder Blumendraht zusammen.

2. Zweige, die nach vorn oder hinten abstehen, biegen wir zur Seite oder knicken sie ab. Richtig platt wird unser Baum, wenn wir ihn eine Stunde im Wasser einweichen, dann zwischen zwei Zeitungen legen und über Nacht mit einem Gegenstand beschweren.

3. Jetzt fertigen wir einen Rahmen aus vier möglichst geraden Zweigstücken, die wir zu einem Rechteck zusammenlegen. Der Baum muß auf allen Seiten etwas über den Rahmen hinausragen. Wir können die vier Zweige zusammenkleben oder zusammenbinden.

4. Den Baum befestigen wir auf dem Rahmen, indem wir die Zweige an den Stellen mit Kleber betupfen, wo sie auf dem Rahmen aufliegen.

5. Wir geben dem Baum ein Frühlings- oder ein Herbstkleid. Dafür kleben wir kleine getrocknete Blüten, zum Beispiel vom Schleierkraut, oder kleine Blätter an.

6. Als Aufhänger befestigen wir an den oberen beiden Ecken des Rahmens einen Faden.

FENSTERBILD BAUM

Alter
ab 5 Jahre
Material
dünne verästelte
Zweige
4 dickere gerade
Zweige
Faden oder Blumen-
draht
Klebstoff
Zeitungen
kleine gepreßte Blätter
oder kleine getrocknete
Blüten
eventuell durchsichtige
Glasperlen

Bilderrahmen

BILDERRAHMEN

Alter
ab 4 Jahre
Material
Geschenkpapierrest,
quadratisch, mindestens
15 x 15 cm groß
Klebstoff
Foto oder Tonpapierrest
und Lippenstift oder
Stempelkissen
Schere
5 cm Stickgarn oder
Wolle

Einfachste Faltarbeiten können bereits Vierjährige weitgehend selbständig ausführen. Verwenden Sie beim Vorzeigen die „Schritt für Schritt-Methode": Sie zeigen einen Faltschritt, und die Kinder machen ihn an ihrem eigenen Papierstück nach. Schon nach einigen Probestücken haben auch Jüngere den richtigen „Kniff" heraus!

3. Nun drehen wir sie erneut um und falten die am Mittelpunkt liegenden Ecken zu den Außenecken. Damit sie nicht abstehen, kleben wir sie fest.

4. Wenn wir einen Rahmen zum Aufstellen basteln wollen, klappen wir an der Rückseite zwei einander gegenüberliegende Laschen als „Rahmenständer" auf und kleben die beiden anderen fest. Für einen Bilderrahmen zum Aufhängen oder In-die-Brieftasche-Stecken kleben wir alle vier Laschen auf der Rückseite des Rahmens fest.

5. Nun wählen wir ein Bild für unseren Bilderrahmen aus. Als Geschenk zum Muttertag eignet sich zum Beispiel ein Foto von uns. Witzig ist auch ein Kuß- oder Fingerabdruck. Wir bemalen dazu unsere Lippen mit Lippenstift oder drücken den Daumen auf ein Stempelkissen und machen dann einen Abdruck auf einem Stück Tonpapier.

1. Wir legen das Geschenkpapierquadrat mit der bedruckten Seite nach oben, falten es zweimal diagonal und klappen es wieder auf.

2. Dann falten wir alle vier Ecken zum Mittelpunkt, drehen die Arbeit um und wiederholen den Vorgang.

6. Das Foto oder das Tonpapierquadrat schneiden wir gerade so groß aus, daß es in das innere Quadrat unserer Faltarbeit paßt. Zum Schluß kleben wir das Bild in den Rahmen ein. Zum Aufhängen kleben wir eine Aufhängelasche aus Wolle oder Garn an der Rückseite des Faltrahmens an.

Der kleine Maler

Martin malt sehr gerne. Wenn er eine Idee hat, überlegt er nicht lange, holt seinen roten Lieblingsfilzstift aus der Hosentasche und beginnt zu malen. Natürlich hat Martin in solchen Momenten meist keinen Zeichenblock dabei, und er hat auch keine Zeit, einen zu suchen. So bemalt er einfach alles, was ihm gerade geeignet erscheint: Telefonbuchseiten, Servietten und Platzsets (auch wenn sie zufällig mal nicht aus Papier, sondern aus Stoff sind), Vatis wichtigen Geschäftsbrief und sogar Muttis Lichtbildausweis (der hat jetzt einen schönen Rand aus großen und kleinen Zackenlinien!). Wenn die Erwachsenen deshalb böse sind und ihn fragen, warum er alles, aber auch wirklich alles bemale, sagt Martin: „Weil ich Maler werden will!" Martins Eltern sind verzweifelt. Gerade eben hat ihr Sohn wieder mal eine Tapetenwand vollgekritzelt. Diesmal war's die im Treppenhaus. Entlang dem Stiegengeländer hat Martin fein säuberlich ein Strichmännchen an das andere gereiht. Sie reichen einander die Hände, und es sieht aus, als ob sie gemeinsam einen steilen Berg erklimmen. „So kann das nicht weitergehen!" sagt Vati. „Wir müssen uns etwas einfallen lassen!" meint Mutti. Gerade als Martin ins Zimmer kommt, hört er Vati rufen: „Ha, ich hab's!" Doch dann hört er nichts mehr, weil seine Eltern zu flüstern beginnen. Gerade die Worte „Bilder" und „Geburtstag" schnappt er noch auf. Fein, denkt Martin, zum Geburtstag kriege ich bestimmt neue Filzstifte zum Malen!

Das Geburtstagspäckchen ist dicker als ein Malkasten und kürzer als ein Filzstiftpäckchen. Eine große Schachtel Ölkreiden könnte es sein, denkt Martin. Doch als er sein Geschenk auswickelt, kommt ein Fotoapparat zum Vorschein!

Martin malt nun nicht mehr alles an, denn nun will Martin Fotograf werden!

(Sylvia Horak)

Glückskacheln

GLÜCKSKACHELN

Alter
ab 5 Jahre
Material
Für den Käfer:
Kaffeebohnen
Wasserfarbe oder Fin-
gerfarbe, rot, schwarz
Pinsel
Filzstift, schwarz

Für die Glückskacheln:
1 kleine Kachel
Lineal
Bleistift
1 Aufhänger
Trockenblumen
Kleber
1 Kaffeebohnenkäfer
Filzstift, „permanent"

Diese Bastelarbeit kann auch ein Geschenk zum Muttertag werden. Beim Bemalen der Kaffeebohnen sollten Sie dem Kind allerdings etwas Hilfestellung geben.

1. Marienkäfer:
Wir bemalen eine Kaffeebohne mit roter Farbe. Anschließend malen wir das Köpfchen mit schwarzer Farbe an. Mit einem dünnen Pinsel oder einem Filzstift ziehen wir einen dünnen Strich auf dem Rücken und zeichnen rechts und links davon kleine Punkte.

2. Wir drehen die Kachel auf die Rückseite und bestimmen mit einem Lineal die Mitte des Kachelrandes. Dort zeichnen wir mit Bleistift einen kleinen Strich auf. Wir kleben den Aufhänger dann so an, daß sich der Haken genau über dem Bleistiftstrich befindet.

3. Auf die Vorderseite der Kachel legen wir vorsichtig ein kleines Sträußchen aus Trockenblumen und kleben die einzelnen Teile fest. Den Käfer kleben wir darüber und malen mit dem Filzstift sechs Beinchen und die Fühler auf.

Was ist das?
Pünktchen an Pünktchen
auf knallrotem Kleid,
schwarz glänzt der Körper,
die Flügel sind breit.
Erklimmt er den Finger,
dann pumpt er und bebt,
entfaltet die Flügel,
erhebt sich und schwebt.

(Marienkäfer)

46

Walnußkäfer

Welches Kind kennt und liebt sie nicht, die kleinen roten Marienkäfer, die uns die wärmeren Tage ankündigen. Regen Sie Ihr Kind doch einmal dazu an, diese lustigen Gesellen aus Naturmaterialien nachzubasteln.

WALNUSSKÄFER

Alter
ab 4 Jahre
Material
Walnüsse
Ahornfrüchte
Wasserfarbe, Finger-
farbe oder Plakafarbe in
Rot und Braun
Pinsel
Tonpapierreste in
Schwarz
Pauspapier
Bleistift
Schere
Kleber

1. Wir bemalen eine Walnußhälfte vollständig mit roter Farbe und lassen sie trocknen. Vier Ahornfrüchte, also jeweils beide Teile des Ahorn-„Propellers", werden ebenfalls knallrot angemalt. Vorsichtig arbeiten, sie sind zerbrechlich!

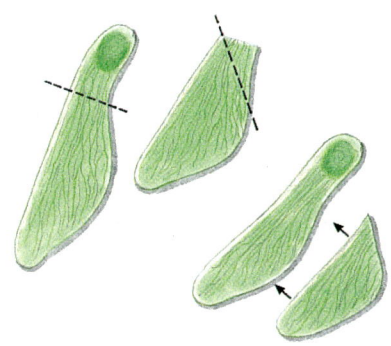

2. Von je zwei Früchten schneiden wir das dicke Ende weg und runden die entstandene Ecke ab. Dann kleben wir die Früchte so zusammen, daß ein breiter Flügel entsteht.

3. Mit dunkelbrauner Farbe malen wir nun Tupfer auf die Flügel. Die Walnußspitze erhält ein braunes „Gesicht".

4. Während die Farbe trocknet, pausen wir die Teile für die Beine und die Fühler von Seite 211 auf schwarzes Tonpapier ab und schneiden sie aus. Dann kleben wir die Beinchen unter die Walnuß und die Fühler auf das Gesicht. Die Beinchen biegen wir ein wenig in Form.

5. Zuletzt kleben wir die Flügel rechts und links auf die Walnuß – und schon kann unser Käferchen davonschwirren.

FÜR DICH

Herzen aus Rinde

HERZEN AUS RINDE

Alter
**ab 5 Jahre (mit Hilfe
eines Erwachsenen)**
Material
**Rindenstückchen
Lederband
Messer
Handbohrer**

**Ein Waldspaziergang mit den
Eltern kann schnell an Langeweile
verlieren, wenn man dabei ein
Mitbringsel findet, das entweder
schon im Wald während der ersten
Rast oder zu Hause gebastelt werden kann. Schon die Suche nach
geeignetem Material macht den
Kindern Spaß.**

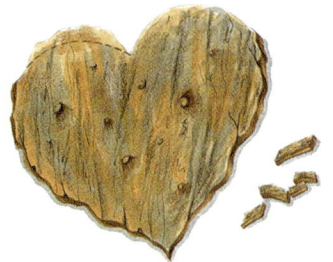

1. Wir suchen ein geeignetes Rin-
denstück und schneiden erst grob
die Herzform zurecht (Vorsicht: Das
Messer ist scharf!). Dann schnitzen
wir die Vorder- und Rückseite glatt
und eben, genauso die Seiten.

2. Das fertige Herz können wir dann
auf verschiedene Weise weiterverar-
beiten:

Anhänger
Wir bohren vorsichtig mit einem
kleinen Handbohrer ein Loch, durch
das wir ein Lederband ziehen. Für
ein besonders persönliches Geschenk gravieren wir noch Initialen
auf die Vorderseite und benutzen es
als Geschenkaufleger.

Armband
Das Herz für ein Armband muß
dicker als die vorherigen sein, damit
wir durch die Seite ein Loch bohren
können. Dadurch ziehen wir wieder
ein Lederband. Sollte das Herz beim
Bohren brechen, schneiden wir die
Führung für das Band mit dem Messer weiter und kleben die Teile wieder zusammen.

Reime zum Muttertag

Die folgenden Reime können von den Kindern zum Beispiel dann vorgetragen werden, während sie der Mutter ein Geschenk zu ihrem Ehrentag überreichen.

Erinnerst du dich
Vor einigen Jahren,
erinnerst du dich,
bekamst du Besuch,
und das war ich.
Ich war ganz nackt,
hilflos und klein,
du aber halfst mir
ins Leben hinein.
Du sagst:
Du hast viel Freude mit mir,
aber Mutti, ganz ehrlich,
ich auch mit dir.
Und bin ich erst groß, Mutti,
so glaube mir,
trag' ich wie heut du
die Sorgen von dir.

Weil ich klein bin
Weil ich klein bin und du groß,
klettere ich jetzt auf deinen Schoß
und flüstere dir ins Ohr hinein,
nur du sollst meine Mami sein.

Meine Mami
Meine Mami, die soll leben
und mir tausend Küßchen geben,
danach will ich fröhlich sein
und mich mit der Mami freun.

Ich wünsche dir ...
Ich wünsche dir ein langes Leben,
gemischt aus Sonne und etwas
Regen.
Vier Jahreszeiten voll Wonne und
Glück
und von jedem Kuchen ein kleines
Stück.

(Myriam Ganser)

Tischkarte und Fensterbild mit Mohnblumen

TISCHKARTE UND FENSTERBILD MIT MOHNBLUMEN

Alter
ab 5 Jahre
Material
Pauspapier
Bleistift
Tonkarton in Grün und
Schwarz
Schere
Seidenpapier, rot
Klebstoff
Nadel
Faden

Die Blätter der Mohnblumen sind aus Seidenpapier, der Rest aus Tonkarton. Mit diesen Mohnblumen kann man nicht nur Tischkarten gestalten, sondern auch ein Fensterbild.

Tischkarte

1. Die Tischkartenform schneiden wir aus Tonkarton und knicken sie zur Hälfte – so kann sie stehen.

2. Aus grünem Karton schneiden wir die grünen Blätter, aus schwarzem die Blütengefäße und aus rotem Seidenpapier die Blütenblätter aus.

3. Wir kleben die fertige Mohnblume auf die Tischkarte. Jetzt können wir sie beschriften.

Fensterbild

1. Den Rahmen und die grünen Blätter der Mohnblume übertragen wir vom Vorlagebogen auf den Tonkarton und schneiden alle Teile zweimal aus.

2. Aus rotem Seidenpapier schneiden wir dann die Mohnblütenblätter aus. Wir können dabei das Seidenpapier falten und so gleichzeitig mehrere Blätter ausschneiden.

3. Zuerst kleben wir die grünen Blätter auf den Rahmen. Wie wir sie anordnen können, zeigt uns das Foto. Auf die Blätter kleben wir kreisförmig die Blütenblätter fest. Wir fangen außen mit größeren Blättern an und gehen mit kleineren Blättern nach innen.

4. Zum Schluß kleben wir die Blütengefäße auf, die wir vorher aus schwarzem Karton ausgeschnitten haben.

5. Damit wir das Fensterbild aufhängen können, ziehen wir mit einer Nadel einen Faden durch die obere Bildmitte.

Stickeralben

ton, und kleben es auf den Umschlag. (Vom Tonkarton sollte dann noch ein etwa 1 cm breiter Rand zu sehen sein.)

3. Aus farblich passendem Tonkarton schneiden wir noch ein Oval und kleben es auf die vordere Seite des Umschlags. Dieses Oval können wir dann z.B. mit dem Wort „Sticker" beschriften.

4. Nun basteln wir den Innenteil des Stickeralbums. Dazu verwenden wir Regenbogen-Buntpapier, von diesem Papier lassen sich Sticker nämlich sehr gut wieder ablösen.

5. Aus dem Buntpapier schneiden wir drei bis vier Rechtecke, die etwas kleiner als DIN-A4-Format sein sollten. Diese Rechtecke falten wir in der Mitte und legen sie in den Tonkartonumschlag ein.

STICKERALBEN	**Bei vielen Kindern ist Stickersammeln sehr beliebt. Stickeralben kann man sehr gut selber herstellen, wie diese zwei Vorschläge beweisen. Die Sticker kann man zum Beispiel nach Motiven geordnet einkleben.**
Alter	
ab 6 Jahre	
Material	
Tonkarton	
Geschenkpapier	
Regenbogen-Buntpapier	
Filzstifte	
Stickgarn (oder anderes	
starkes Garn)	
Nadel	
Schere	
Klebstoff	

Stickeralbum mit Geschenkpapier

1. Einen Bogen Tonkarton in DIN-A4-Größe falten wir in der Mitte – das ist der Umschlag für unser Stickeralbum.

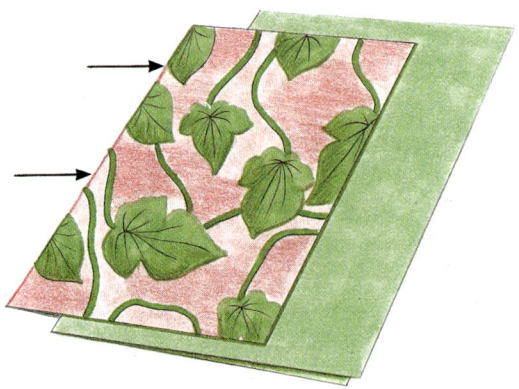

6. Wir fädeln ein langes Stück Stickgarn auf die Nadel und nähen die Regenbogenblätter und den Umschlag mit Schlingstichen zusammen. Danach verknoten wir das Fadenende fest und fixieren es eventuell mit Klebstoff.

2. Aus dem Geschenkpapier schneiden wir ein Rechteck aus, das etwas kleiner ist als der DIN-A4-Bogen aus Tonkar-

Stickeralbum mit Blütenkranz

1. Aus Tonkarton schneiden wir ein 26 x 15 cm großes Stück und knicken es zur Hälfte – das ist der Umschlag.

2. Dann schneiden wir aus andersfarbigem Tonkarton einen Kreis aus und kleben ihn auf die vordere Umschlagseite.

3. Rund um diesen Kreis kleben wir eine Blumenranke. Dafür schneiden wir Blüten und Blätter aus Regenbogen-Buntpapier aus und kleben diese um den Kreis herum. Dann können wir das Album noch beschriften, zum Beispiel mit „Sticker" oder „Mein Stickeralbum".

4. Jetzt basteln wir auch hier den Innenteil des Albums: Aus dem Regenbogen-Buntpapier schneiden wir Rechtecke, die etwas kleiner als das Umschlagformat sind, falten diese in der Mitte, legen sie in den Umschlag und nähen sie anschließend wie auf Seite 52 unter Schritt 6 angegeben mit Stickgarn fest.

Blumenwindlicht

BLUMENWINDLICHT

Alter
ab 6 Jahre (mit Hilfe
eines Erwachsenen)
Material
grüner Tonkarton
Pauspapier
Bleistift
Schere
Cutter
Transparentpapier in
Gelb, Blau und Rot
Flüssigkleber
etwas Isophanfolie

Dieses Windlicht wird zum Teil aus Isophanfolie hergestellt und ist daher besonders durchscheinend. Isophanfolie ist eine glasklare und recht stabile Folie, die man als Meterware in gut geführten Bastel- oder Papiergeschäften erhält. Statt Isophanfolie können Sie natürlich auch weißes Transparentpapier verwenden.

1. Die Vorlage für das Windlicht übertragen wir vom Vorlagebogen auf den grünen Tonkarton.

2. Die Umrisse der Blumen können wir mit der Schere schneiden, für die feinen Innenformen verwenden wir am besten einen Cutter oder eine gute Nagelschere.

3. Wir legen den fertig ausgeschnittenen Bogen anschließend so vor uns hin, daß die Seite, auf der die Bleistiftstriche zu sehen sind, nach oben zeigt.

4. Jetzt bekleben wir die Blüten mit Transparentpapier: Wir legen ein Stück Transparentpapier auf eine Blüte, zeichnen die Form mit Bleistift nach und schneiden sie aus. Dann kleben wir das Transparentpapier auf die Blüten.

5. Wenn wir alle Blüten beklebt haben, beziehen wir den Blumenstreifen von innen mit Isophanfolie. Überstehende Ränder schneiden wir ab.

6. Zum Schluß kleben wir den Streifen an der gekennzeichneten Klebelasche so zusammen, daß die Isophanfolie innen ist. Mit einem Teelicht können wir das Windlicht beleuchten.

Schmetterlingshaarband

SCHMETTERLINGS-HAARBAND

Alter
ab 4 Jahre
Material
Tonkarton
Pauspapier
Bleistift
Schere
Geschenkpapier
Klebstoff
stabiles Schleifenband

Kleine Mädchen lieben es, mit Bändern ihr Haar zu schmücken — auf diesem hier sitzt ein Schmetterling, den Sie ohne Band auch als Raum- oder Fensterschmuck verwenden können.

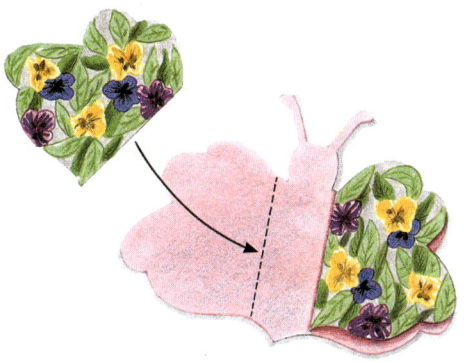

1. Die Schmetterlingsform übertragen wir vom Vorlagebogen auf Tonkarton und schneiden sie aus.

2. Wir ritzen die Falzlinien leicht ein und knicken sie dann.

3. Die oberen Flügel schneiden wir aus Geschenkpapier und kleben sie nur an ihrer geraden Seite auf den Tonkarton.

4. Für das Haarband verwenden wir am besten stabiles, nicht zu dünnes Schleifenband. Den Schmetterling kleben wir ungefähr in der Mitte auf — fertig ist der Haarschmuck!

Wer hat Angst vorm wilden Tier?

Alter
ab 5 Jahre
Teilnehmer
2 bis 4 Kinder
Material
1 Korkplatte,
ca. 30 x 40 cm
Pappe oder Sperrholz in
derselben Größe
Holzleim
2 Bildaufhänger
einige Flaschenkorken
Küchenmesser
Schneidebrett
Pinsel
Farbe
Erdnüsse mit Schale
oder Kieselsteine
Isländisch Moos (im
Eisenbahnmodellbau
oder Bastelgeschäft
erhältlich)
Rindenstückchen
Tannenzapfen
trockene Samenkörner
abgebrochene Zweig-
stücke
Würfel
Spielsteine

Hier wird gebastelt, gespielt und gleichzeitig die Wand geschmückt. Schon das Gestalten einer Urwaldlandschaft beflügelt die Phantasie, und vielleicht dürfen Sie ja mitspielen, wenn es auf große Safari geht. Sind dann alle am Ziel angekommen, wird das Spiel als Schmuckstück an die Wand gehängt.

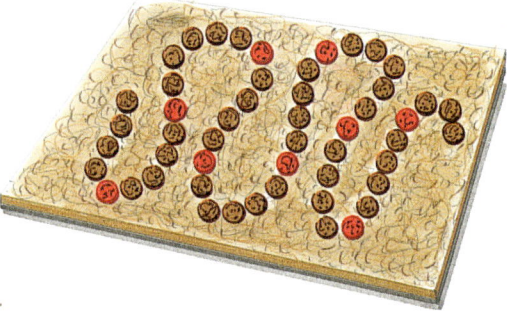

1. Wir kleben die Korkplatte mit Holzleim auf ein gleichgroßes Stück Pappe oder Sperrholz und befestigen auf der Rückseite oben zwei Bildaufhänger.

2. Nun schneiden wir mit dem Küchenmesser Flaschenkorken in etwa 50 dünne Scheiben. 8–12 davon malen wir auf einer Seite rot an, den Rest in einer dunkleren Farbe.

3. Wir legen die Korkscheiben in einer dichten, verschlungenen Reihe auf die Platte, wobei wir die roten Scheiben gleichmäßig verteilen. Anfang und Ende der Reihe befinden sich jeweils an den gegenüberliegenden Seiten als Start und Ziel.

Als Spielsteine verwenden wir Holzmännchen oder verschiedenfarbige Kieselsteine. Je nach Alter können wir uns an eine der folgenden Spielregeln halten, oder wir denken uns selbst welche aus.

1. Wer mit seiner gewürfelten Zahl auf ein Tierfeld kommt, setzt eine Runde aus. Gelangt er auf ein besetztes Feld, schickt er den Spieler, der sich darauf befindet, 5 Felder zurück.

2. Wer ein rotes Tierfeld betritt, muß 5 Felder zurück. Wer ein besetztes Feld betritt, geht auf das zurückliegende Tierfeld zurück und muß eine Runde aussetzen. Ins Ziel kommt nur, wer die richtige Zahl würfelt. Steht man also auf dem letzten Feld, benötigt man eine 1.

4. Die wilden Tiere können wir aus ungeschälten Erdnüssen oder flachen Kieselsteinen herstellen. Wir benötigen für jedes rote Feld ein Tier. Dazu malen wir Erdnüsse oder Steinchen als Krokodil, Panther, Löwe, Nashorn und Schlange an. Wir lassen die Tiere trocknen und legen je eines neben ein rotes Feld. Wenn wir mit der Aufteilung des Spielfeldes zufrieden sind, kleben wir die Korkscheiben und die Tiere fest.

5. Jetzt können wir mit der Gestaltung des Urwaldes beginnen. Dazu pflücken wir das Isländisch Moos ein wenig auseinander und kleben es so auf, daß die Tiere daraus „hervorlauern". Wir müssen nur darauf achten, daß wir nicht zu dicht an die Spielfelder kommen.

6. Die freien Stellen der Korkplatte schmücken wir mit Naturfunden aus, die wir erst zurechtlegen und dann aufkleben. Start und Ziel markieren wir mit Zweigstückchen.

Trilli, Tropsi und ihre Freunde

Trilli, Tropsi und ihre Freunde wohnen im Wald. Vielleicht hast du sie auch schon einmal gesehen? Sie leben auf dem Waldboden, oft verstecken sie sich unter dem Laub.

Wie ich sie kennengelernt habe? Nun, vor einiger Zeit bin ich mit meiner kleinen Schwester im Wald hinter unserem Haus herumgestromert. Es wurde schon dunkel, und wir müssen uns wohl verlaufen haben. Auf jeden Fall wußte ich auf einmal nicht mehr, wo wir waren. Meine kleine Schwester sollte nichts merken, sonst hätte sie wieder nur geheult. Also haben wir uns erst einmal auf einen Baumstumpf gesetzt – ich zum Nachdenken, und meine Schwester zum Ausruhen.

Und da trafen wir sie, Trilli, Tropsi und ihre Freunde! Wir hörten erst nur ein Rascheln unter dem Laub. „Oh, hier gibt es Mäuse!", rief meine kleine Schwester freudig. „Komm wir fangen sie!" Die Mäuse haben wir natürlich nicht gefunden, die sind zu schnell. Aber wir sahen komische Dinger, die sahen aus wie Äste oder Wurzeln, mit Augen, manche mit großen Mäulern, manche mit tollem Federschmuck. Zwei kamen direkt auf uns zu. Meine kleine Schwester hatte natürlich mal wieder Angst. Ich aber nicht, ich fragte: „Wer seid denn ihr?" „Ich bin Trilli, das ist Tropsi und das sind unsere Freunde. Und wer seid ihr, was macht ihr hier?", fragte eines der Astmännchen. Ich erzählte, daß wir uns verlaufen hätten. Und stell dir vor, sie konnten uns den Weg zeigen! Ein Freund von ihnen muß mal bei meinem Vater unter dem Kaminholz gelandet sein, und den hatten sie zurück in den Wald geholt. Wir fanden also zurück nach Hause. Nur haben wir leider vergessen, uns mit Trilli, Tropsi und ihren Freunden für ein anderes Mal zu verabreden. Aber vielleicht treffen wir sie ja mal zufällig wieder. Oder du?

Geheimnisvolle Waldbewohner

Äste und Wurzeln liegen im Wald herum und warten darauf, aufgesammelt und mit ein wenig Farbe, einigen anderen Naturmaterialien und natürlich mit Phantasie zum Leben erweckt zu werden.

Bei unserem nächsten Waldspaziergang nehmen wir einen großen Beutel mit und halten bewußt Ausschau nach interessant aussehenden Ästen, Wurzeln und Baumpilzen. Spätestens zu Hause beim genauen Betrachten, werden aus ihnen Figuren. Wir können ihnen Mund oder Augen aufmalen, Federhaare oder Papierzähne aufkleben, Hüte aus Muscheln aufsetzen, Nasen aus Flaschenkorken ankleben und vieles mehr.

GEHEIMNISVOLLE WALDBEWOHNER

Alter
ab 4 Jahre
Material
**Fundstücke aus dem Wald (Äste, Wurzeln, Baumpilze)
Plakafarbe
Muscheln
Federn
Korken
Papier
Jutegarn
Klebstoff**

Windrad

WINDRAD

Alter
ab 5 Jahre
Material
Rundstab, Ø ca. 7 mm
Plakafarbe
Pinsel
Regenbogen-Buntpapier
Lineal
Bleistift
Schere
Klebstoff (Heißklebe-
pistole)
Nadel
Blumendraht
Holzperle
Holzscheibe
Schleifenband

zusätzlich für die Wind-
radgirlande:
stabile Kordel
dicke Nadel oder Dorn
zum Dosenöffnen

An Windrädern haben alle Kinder Spaß. Schon bei einem leisen Luftzug drehen sie sich im Wind. Man kann sie gut in Blumentöpfe auf dem Balkon oder im Garten stecken. Eine Windradgirlande ist eine tolle Dekoration für die erste Garten- oder Balkonparty an einem warmen Frühlingstag.

1. Zuerst bemalen wir den Rundstab mit Plakafarbe und lassen ihn gut trocknen.

2. Aus dem Regenbogen-Buntpapier schneiden wir ein Quadrat mit einer Seitenlänge von 23 cm zu.

3. Wir falten das Quadrat, wie auf der Zeichnung zu sehen, und schneiden es an den gekennzeichneten Stellen ein.

4. Die auf dem Vorlagenbogen mit „X" bezeichneten Spitzen kleben wir nacheinander in der Mitte fest.

5. Zur besseren Stabilität kleben wir zusätzlich noch einen kleinen Kreis aus Tonkarton in die Mitte und bohren mit einer Nadel ein Loch genau in dessen Mitte.

6. Jetzt ziehen wir eine Holzperle auf ein Stück Blumendraht, verknoten diesen und ziehen das überstehende Ende durch das Loch im Windrad, bis die Perle auf dem Windrad liegt.

7. Eine Holzscheibe ziehen wir ebenfalls auf den Draht und verknoten ihn dann. Die Scheibe sitzt jetzt hinter dem Windrad.

8. Zum Schluß verbinden wir den Draht durch Wickeln fest mit dem Rundholz, verknoten ihn und kleben ihn zusätzlich noch fest (sehr gut eignet sich hierfür eine Heißklebepistole).

9. Wenn wir das fertige Windrad zusätzlich schmücken wollen, binden wir noch Schleifenband um das Rundholz oder kleben es fest.

Windradgirlande

1. Wir schneiden aus Regenbogen-Buntpapier viele gleichgroße Quadrate mit beliebiger Seitenlänge und stellen daraus Windräder her (siehe Seite 60).

2. Mit einer dicken Nadel oder einem Dorn zum Dosenöffnen stechen wir Löcher in die Mitte der Windräder. Nach und nach ziehen wir sie dann auf die Kordel. Damit sie nicht verrutschen, verknoten wir die Kordel jeweils vor und hinter jedem Windrad.

SOMMER

Wenn die Schulkinder schreien: „Hurra!
Die Ferien sind endlich da!"
Wenn das Freibad zum Baden einlädt,
wenn man an der Eisdiele Schlange steht,
dann wissen's alle, groß und klein:
Der Sommer zieht jetzt bei uns ein!

Wackelpeter und sein Hund

WACKELPETER UND
SEIN HUND

Alter
ab 4 Jahre
Material
weißer Tonkarton
Schere
Bleistift
Pauspapier
Deckfarben
2 Holzstäbchen,
Ø 0,5 cm, Länge 20 cm
Klebeband
2 Musterklammern mit
rundem Kopf

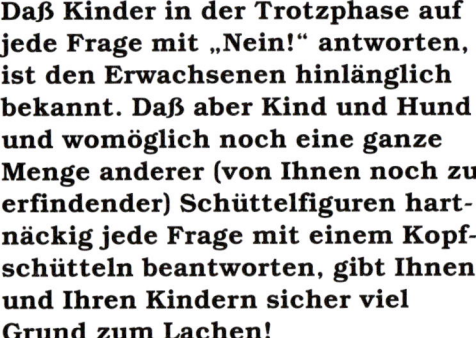

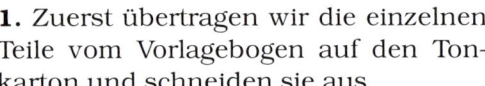

Daß Kinder in der Trotzphase auf jede Frage mit „Nein!" antworten, ist den Erwachsenen hinlänglich bekannt. Daß aber Kind und Hund und womöglich noch eine ganze Menge anderer (von Ihnen noch zu erfindender) Schüttelfiguren hartnäckig jede Frage mit einem Kopfschütteln beantworten, gibt Ihnen und Ihren Kindern sicher viel Grund zum Lachen!

1. Zuerst übertragen wir die einzelnen Teile vom Vorlagebogen auf den Tonkarton und schneiden sie aus.

2. Danach bemalen wir sie und setzen die Figuren mit Hilfe der Musterklammern zusammen. Dabei achten wir darauf, die Musterklammern so locker zu lassen, daß die Köpfe der Figuren ungehindert wackeln können. An der Rückseite befestigen wir die Holzstäbe mit Klebeband an den Körpern.

3. Nun halten wir die Figuren an ihren Stäben, und was auch immer wir den kleinen Peter und seinen Hund fragen – die beiden werden uns mit einem Kopfschütteln antworten!

Wackeltanz

Ist der Text zu diesem lustigen Wackeltanz erst einmal auswendig gelernt, eignet er sich immer wie- der als eine „etwas andere" Locke-rungsübung nach längerem Still-sitzen.

Text: S. Horak
Melodie: E. Putz

1. Seht, mein Kör - per wak - kelt_ ganz, wenn ich tanz' den Wak - kel - tanz.
2. Wak - keln, schlen- kern, zuk - ken,_ schüt- teln, al - le Kör- per- tei - le_ rüt- teln.

Schlen- k're fest mit Arm und Bei - nen — Mut - ti fängt gleich an zu wei - nen,
Kein In - sekt hat mich ge- sto- chen, hab' auch Pfef - fer nicht ge- ro- chen,

denn sie glaubt, ich bin ver - rückt, doch ich tanz' doch nur_ ver- zückt!
brauch' auch kei - ne Am- bu - lanz — tanz' doch bloß den Wak - kel - tanz!

Wackelschlange

1. Zuerst kleben wir die beiden Papier-streifen im rechten Winkel aufeinander und beginnen, sie zu falten: einmal den einen Streifen nach oben umknicken, dann den anderen darüber, dann wie-der den ersten und so fort, bis die Strei-fen verarbeitet sind und eine „Hexen-treppe" entstanden ist.

2. Ein Ende der Schlange wird zum Kopf, indem wir hier Augen und eine gespaltene Zunge aufkleben.

3. Zum Schluß kleben wir das Holz-stäbchen hinter das Kopfteil.

4. Wenn wir nun das Stäbchen hin und her bewegen, schlenkert der ganze Falt-körper hin und her — unsere Wackel-schlange ist fertig!

Wackelschlange:
Alter
ab 4 Jahre
Material
2 Streifen grünes Ton-papier, 2 x 75 cm
Tonpapierreste in Rot und Schwarz
Lineal
Bleistift
Schere
Klebstoff
Schaschlikspieß

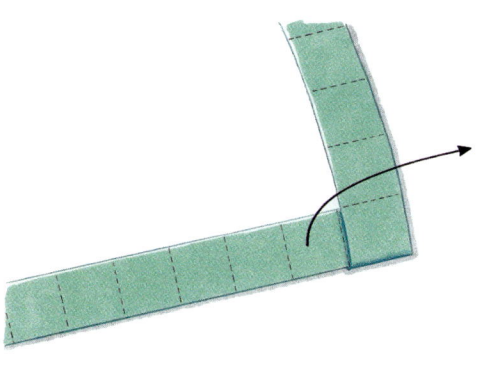

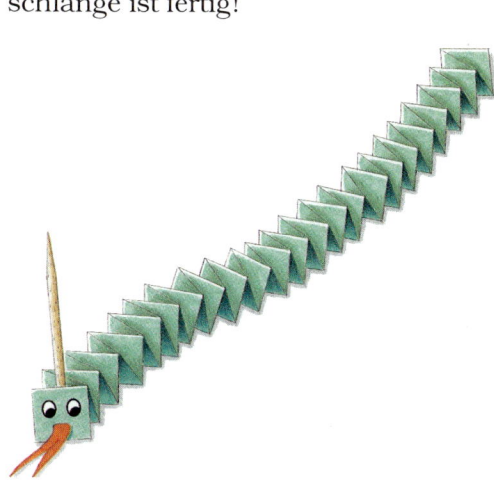

Lustige Dekorationen aus Obst und Gemüse

Was werden Sie zum nächsten Kindergeburtstag für die hungrigen Gäste bereiten, soll es süß oder lieber deftig sein? Na, so oder so, mit diesen lustigen Dekorationen ernten Sie bestimmt Beifall bei den kleinen Besuchern. Schon die Vorbereitungen machen sicher viel Spaß!

Birnenigel

Wir können die Birne schälen oder ungeschält lassen. Geschält müssen wir sie allerdings gut mit Zitronensaft beträufeln, da sie sonst braun wird.
Wir halbieren die Birne und schneiden ein Stück von der Spitze weg. In den dicken Teil stecken wir als Stacheln die Mandelstifte. Rosinen verwenden wir für die Augen und eine kandierte Kirsche als Nase.

Tausendfüßler

Wir haben die Banane der Länge nach durchgeschnitten und geben ihr ein Gesicht aus drei Nüssen. Auf beide Seiten legen wir je eine Reihe Rosinen als Füße.

Rennauto

1. Die Spitze der Karotte schneiden wir ab, das Grün lassen wir, bis auf 0,5 cm gekürzt, stehen. Dann putzen wir die Karotte und schneiden aus der dickeren Seite eine längliche Vertiefung heraus. Das wird unser Fahrerraum.

2. In der Vertiefung befestigen wir das Radieschen als Rennfahrer mit einem Zahnstocher und drücken zwei Senfkörner als Augen hinein. Die vier Räder (Radieschenscheiben) „montieren" wir ebenfalls mit Zahnstochern.

Käselaster

1. Die halbe Gurke teilen wir einmal in der Mitte durch. 2–3 cm vom Ende entfernt schneiden wir die Gurke bis zur Mitte ein und machen anschließend noch einen waagrechten Schnitt, so daß ein Keil von der Gurke herausfällt.

2. Das Innere kratzen wir mit einem Löffel aus. Von der Rundung schälen wir ein Stück als Fenster ab.

3. Die gerade Gurkenhälfte schneiden wir einmal längs durch und nehmen ebenfalls die Kerne heraus – dies wird der Anhänger.

4. Nun befestigen wir an beiden Gurkenteilen mit Zahnstochern die Radieschenscheiben als Räder. Und schon können wir unseren Laster und seinen Anhänger mit Käsewürfeln beladen.

Blumentopf

Käselaster:
½ Salatgurke
8 Radieschenscheiben
Zahnstocher
Käsewürfel

Blumentopf:
1 Stück Karotte, Länge ca. 2–3 cm
frische Kräuter
Schaschlikspieß

Wir pieksen in die dickere Seite des Karottenstückes mit dem Schaschlikspieß einige Löcher und stecken Kräuter wie Petersilie, Dill und Schnittlauch hinein.

Katharinchen, dickes Trinchen

KATHARINCHEN,
DICKES TRINCHEN

Alter
ab 4 Jahre (mit Hilfe
eines Erwachsenen)
Material
weißer Tonkarton
Papprest
2 Bogen Schreibpapier
Pauspapier
Lineal
Bleistift
Schere
Cutter
Klebstoff
Deckfarben
Pinsel

Dicke Kinder haben es oft besonders schwer, von anderen akzeptiert zu werden, und sie leiden vielfach unter ihrem Dicksein. Mit Hilfe des Liedes vom dicken Trinchen und der dazugehörigen Stabpuppe, die mal dick, mal dünn ist, können Sie dieses für die betroffenen Kinder heikle Thema auf spielerische Weise anschneiden und ein Gespräch darüber in Gang bringen.

1. Haben wir die beiden Figurenteile des dicken Trinchens vom Vorlagebogen auf den Tonkarton übertragen, schneiden wir sie aus. Die Klebefläche knicken wir entlang der Linie nach hinten.

2. Nun übertragen wir die Haltestabschablonen auf die Pappe und bitten einen Erwachsenen, die beiden Stäbe mit dem Cutter für uns auszuschneiden.

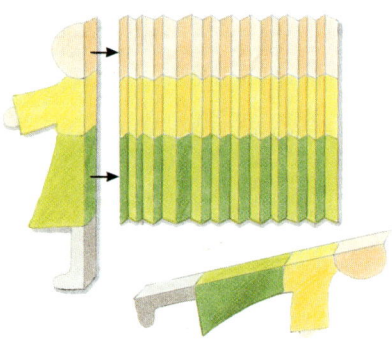

3. Die zugeschnittenen Schreibpapierbogen kleben wir an ihren Schmalseiten zusammen – so erhalten wir einen langen Papierstreifen. An den markierten Stellen falten wir ihn dann wie eine Ziehharmonika und kleben seine Enden an die Klebeflächen der Trinchenfigurteile.

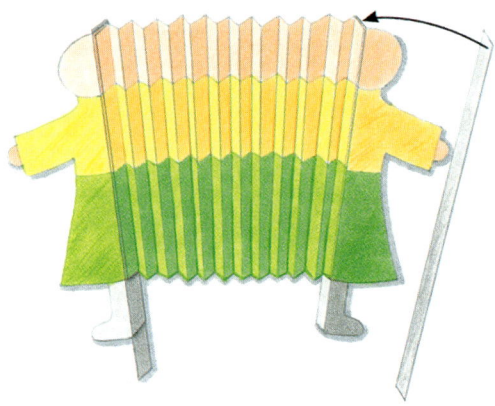

4. Nachdem wir die Haltestäbe an der Hinterseite der Figurenhälften an den Klebeflächen befestigt haben, können wir unser Katharinchen durch Auseinanderziehen und Zusammenschieben der „Ziehharmonikafalten" mal dick und mal dünn werden lassen.

5. Fertig ist das dicke Trinchen, wenn wir es mit Deckfarben bemalt haben.

Text und Melodie: E. Putz

1. Ka - tha - rin - chen, dik - kes Trin - chen, ru - fen groß und klein,

und dann denk' ich manch - mal trau - rig muß das wirk - lich sein?

2. Katharinchen, dickes Trinchen,
manchmal wär' es schön,
könnt' ich schlank wie eine Birke
mich im Spiegel sehn!

3. Katharinchen, dickes Trinchen,
doch mir schmeckt's so fein!
Hungern, Fasten, schlechte Laune –
fällt mir gar nicht ein!

4. Katharinchen, dickes Trinchen,
seht mich doch mal an
wie ich trotz des bißchen Dickseins
zierlich tanzen kann!

5. Katharinchen, dickes Trinchen,
bin so wie ich bin!
Wer mich lieb hat, mag mich immer –
gleich ob dick, ob dünn!

Sonnentanz

SONNENTANZ

Alter
ab 4 Jahre
Teilnehmer
mindestens 6, besser
jedoch 8 Kinder
Material
Reifen
Bänder (gelb) oder
Kreidezeichnung

Kinder tanzen gern und bewegen sich oft viel freier und ungezwungener zur Musik als Erwachsene. Fördern Sie diesen Bewegungsdrang doch, indem Sie mit den Kindern ein Tanzspiel durchführen. Wählen Sie dazu am besten eine Musik mit einem leicht gehbaren Rhythmus. Außerdem benötigen Sie für dieses Spiel einen Reifen als Sonne und gelbe Bänder, die die Sonnenstrahlen darstellen.

1. Wir sitzen in einem Kreis, jedes Kind am Ende eines Bandes.

2. Sobald die Musik einsetzt, steht ein Kind auf, geht im Rhythmus der Musik zur Mitte in den Reifen, dreht sich dort einmal um sich selbst und geht dann, einem anderen Band folgend, zum nächsten Kind.

3. Das ausgewählte Kind steht auf. Beide Kinder fassen sich an den Händen und drehen sich einmal im Kreis.

4. Das Kind, das eben an der Reihe war, bleibt nun stehen und das zweite Kind geht los. Alles beginnt wieder von vorne, so lange bis alle Kinder einmal „in der Sonne" waren und stehen.

5. Sobald das letzte Kind wieder am Ende eines Bandes steht, fassen sich alle an den Händen. Die Musik klingt langsam aus.

Sonnenblumen

Diese Sonnenblumen sind ein wunderschöner Blickfang. Man kann sie in Blumenkästen oder -töpfe stecken und Balkon, Terrasse oder auch Zimmer damit dekorieren.

An der Blüte kleben wir nun ringsherum die Blütenblätter fest.

SONNENBLUMEN

Alter
ab 4 Jahre (mit Hilfe eines Erwachsenen)
Material
Holzleisten (Breite ca. 2 cm)
Lineal
Holzsäge
Plakafarbe, grün
Pinsel
Pauspapier
Bleistift
Tonkarton, grau
Schere
Holzleim
Sonnenblumenkerne
Tonpapier in Grün und Gelb

1. Zunächst sägen wir aus den Leisten ca. 80 cm lange Stücke zu und malen diese mit der grünen Farbe an.

2. Von der Vorlage auf Seite 212 pausen wir den Kreis zweimal auf grauen Tonkarton ab und schneiden beide aus. Wir bestreichen sie mit Leim und belegen sie mit Sonnenblumenkernen. Gut trocknen lassen!

3. Aus dem gelben Tonpapier schneiden wir viele Blütenblätter. Eine Vorlage hierzu befindet sich auf Seite 212.

4. Danach kleben wir den Stiel (grüne Holzleiste) auf die Blüte und auf diesen wiederum den Kreis mit den aufgeklebten Sonnenblumenkernen. Dabei müssen wir aber besonders vorsichtig sein, damit sich beim Zusammendrücken nicht allzu viele Sonnenblumenkerne vom Papier lösen.

5. Zum Schluß schneiden wir aus dem grünen Tonpapier noch Blätter für den Stiel der Sonnenblume. Hierfür befindet sich eine Vorlage auf Seite 213. Die Blätter kleben wir an den Stiel.

Das Rutschepeterspiel

Alter
ab 4 Jahre
TEILNEHMER
4 Kinder
Material
Tapetenbahn, 2 m
dicker Filzstift
Lineal
Tonpapier in 5 Farben
Bleistift
Pauspapier
Wollreste
Klebstoff
spitze Schere
Zahlenwürfel
1 Glas Babynahrung
Kaffeelöffel
kleines Tortendeckchen
Würfel

Kinder sind von Babys ebenso fasziniert wie Erwachsene. Auch die älteren unter ihnen naschen gerne mal ein Gläschen Babynahrung, dürfen sie damit doch sozusagen „offiziell" selbst wieder für kurze Zeit zu Babys werden. Sprechen Sie vor Spielbeginn mit Ihren Kindern über das Aussehen und das Verhalten von Babys und klären Sie den Begriff „Rutschepeter".

Herstellung der Spielfiguren

1. Zuerst übertragen wir mit Bleistift und Pauspapier alle Teile vom Vorlagebogen auf das Tonpapier. Damit wir die Figuren unterscheiden können, wählt jedes Kind eine andere Papierfarbe.

2. Haben wir die Babykörper ausgeschnitten, knicken wir die Zugabeflächen entlang der gestrichelten Linien um und kleben die Pyramiden zusammen. Hände und Füße kleben wir an die Unterseite der Pyramide.

3. Nun bemalen wir das Gesicht unseres „Babys" und kleben auf die Spitze der Pyramide einen kleinen Haarschopf aus Wolle.

Herstellung des Spielplans

1. Die 2 m lange Tapetenbahn unterteilen wir mit Linien in vier gleich breite Längsbahnen und in 19 Felder von je 10,5 cm Länge. Die erste Feldreihe ist das Startfeld, die letzte Reihe am anderen Bahnende das Ziel.

2. Nun schneiden wir aus Tonpapier acht Töpfchen aus. Auf jede Bahn legen wir zwei davon und kleben sie fest. Ins Zielfeld kleben wir das Tortendeckchen und stellen das Glas mit Babynahrung und den Löffel darauf.

Spielregeln

Jeder Spieler stellt seinen kleinen Rutschepeter auf sein Startfeld. Nun würfeln wir nacheinander, und jedes Baby darf um so viele Felder weiterkrabbeln, wie wir Punkte gewürfelt haben. Kommt ein Baby dabei auf ein „Töpfchenfeld", so heißt das, daß es dringend aufs Töpfchen und deshalb zurück an den Anfang muß! Der Rutschepeter, der als erster im Ziel ankommt, darf zur Belohnung das Gläschen mit dem leckeren Babybrei auslöffeln!

Kirsch-Krümel-Torte

KIRSCH-KRÜMEL-
TORTE

Alter
ab 5 Jahre (mit Hilfe
eines Erwachsenen)
Zutaten
600 g Kirschen
350 g Mehl
3 TL Backpulver
120 g Zucker
100 g Margarine
etwas Fett für die
Springform
2 Eier
Geräte
Teigschüssel
Küchenwaage
Springform
eventuell Handmixer

Elektroherd: 175 Grad
Gasherd: Stufe 2–3
Backzeit: 40 Minuten

Bei diesem Kirschkuchen sollten Sie Ihrem Kind ein wenig „assistieren". Vielleicht waschen und entkernen Sie vor Backbeginn die Kirschen? Vor allem aber sollten Sie die Zutaten bereitstellen und wiegen.

Dieser leckere Kirschkuchen wird aus einem Krümelteig gebacken. Der kommt unten auf den Boden der Springform und als Streusel verteilt über die Kirschen.

1. Für den Teig geben wir alle Backzutaten außer den Kirschen in eine Rührschüssel. Wir verkneten alles mit einem Handmixer oder mit den Händen.

2. Wir fetten die Springform ein, geben die Hälfte des Teiges hinein und drücken ihn so auseinander, daß der Boden bedeckt ist und ein etwa 2 cm hoher Rand entsteht. Wir stechen den Teigboden mit der Gabel mehrmals ein.

3. Jetzt verteilen wir die entsteinten Kirschen auf dem Teig. Die zweite Hälfte des Teiges krümeln wir über die Kirschen. Nun muß der Kuchen nur noch gebacken werden. Je nach Geschmack können wir ihn, wenn er abgekühlt ist, mit Schlagsahne servieren.

Kirschkern-Zielspucken

Kirschen schmecken lecker und mit den Kernen kann man wunderbar spucken – Weitspucken oder Zielspucken!

1. Wir bemalen mehrere Blumentöpfe aus Ton mit Plakafarben. Dazu ziehen wir am besten einen Malkittel über und legen Zeitungen unter. Wir können bunte Punkte aufmalen, Streifen, Marienkäfer oder Strichmännchen. Sicherlich fallen uns noch viele andere Muster ein.

2. Wir stellen die bemalten Tontöpfe neben- und hintereinander auf. Nun versuchen wir, reihum von einer Startlinie aus, unsere Kirschkerne in die Töpfe zu spucken. Jeder Treffer zählt einen Punkt. Wer die höchste Punktzahl erreicht, ist Sieger.

KIRSCHKERN-ZIELSPUCKEN

Alter
ab 3 Jahre
Teilnehmer
mindestens 2 Kinder
Material
Blumentöpfe aus Ton
Plakafarbe
Pinsel
Zeitungen
Malkittel
Kirschen

Jede Menge Wanderschuhe

**JEDE MENGE
WANDERSCHUHE**

Alter
ab 5 Jahre
Material
**Bleistift
Pauspapier
Packpapier
Tonpapier in verschiede-
nen Farben
Klebstoff
Schere
Zackenschere
Filzstift
Hutgummi
dicke Wolle**

**Ein Wandertag mit Kindern will gut
vorbereitet sein. Anfahrtszeit und
Wegstrecke dürfen nicht zu lang,
und das Ziel muß für die Kinder
attraktiv sein. Aber auch unter-
wegs gilt es, die Kinder durch vorbereitete Spiele und Überraschungen bei Laune zu halten. Das
nachfolgende Wanderschuhmotiv
könnte sich wie ein roter Faden
durch einen solchen Wandertag
ziehen und den Kindern immer
sofort signalisieren: jetzt gibt's
wieder eine Überraschung!**

Auf unserem Ausflug ins Grüne tauchen die kleinen Wanderschuhe aus
Papier immer wieder auf! Das erste Mal
sehen wir sie auf dem Einladungsheft,
in dem wir wichtige Dinge nachlesen
können. Darin steht zum Beispiel,
wann und wohin wir wandern werden
und was wir mitnehmen sollen. Wir
finden darin Gutscheine für Speisen
und Getränke, für Reinigungstüchlein
oder Heftpflaster, für Seilbahnfahrten
oder eine Schiffsüberfahrt, und die Wan-
derlieder, die wir an diesem Tag lernen
werden, sind ebenfalls enthalten.

Einmal kleben die Wanderschuhe auf
den Provianttüten, dann auf geheim-
nisvoll verpackten Preisen für unsere
Ausflugsspiele, und wir entdecken sie
auch auf Gutscheinen, die wir unter-
wegs einlösen können. Scheint uns
beim Wandern die Sonne zu stark ins
Gesicht, zaubert vielleicht ein Erwachsener Schirmmützen mit dem Wander-
schuhmotiv aus seinem Rucksack!

Herstellen der Wanderschuhe
Beim Vorbereiten eines solchen Wan-
dertages können wir den Erwachsenen
helfen, wenn wir gemeinsam die kleinen Papierwanderschuhe herstellen.

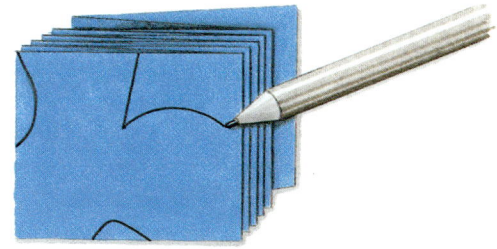

1. Die abgebildeten Schuhe entstehen
als Reihenfaltschnitte. Dafür schneiden wir aus Tonpapier 2,7 cm breite

Streifen und falten sie wie eine Zieh-harmonika im Abstand von 3,5 cm.

2. Nun übertragen wir das Wander-schuhmotiv vom Vorlagebogen auf das erste Feld dieses zusammengefalteten Streifens und schneiden es aus.

3. Wenn wir nun den Streifen ausein-anderziehen, haben wir aus einem Schuh gleich mehrere gemacht! Wir verwenden die Schuhe einzeln, paar-weise oder gleich zu mehreren.

Schaut, wie die Sonne lacht

Kindergartenüberlieferung, bearbeitet von E. Putz

1. Schaut, wie die Son - ne lacht, ein Aus - flug wird heut' ge-macht! Kei - ner bleibt heut'

gern zu Haus', al - le wan-dern froh hin - aus, wan - dern ins Grü - ne!

2. Komm', pack' den Rucksack ein,
der Ausflug wird herrlich sein!
Mutti, Vati, Opapa,
Kinder, Tante, Omama
wandern ins Grüne!

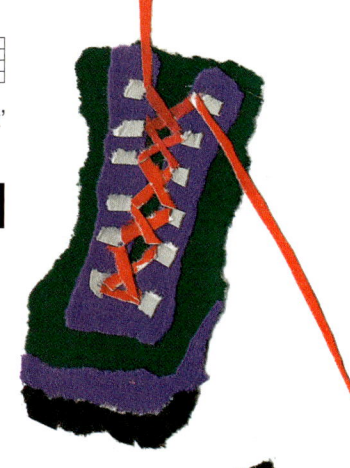

Marktstand

MARKTSTAND

Alter
ab 5 Jahre
Material
möglichst gerade
trockene Zweige,
Ø etwa 3–5 mm
alte Schere
Stecknadeln
Holzleim
Styroporplatte, ca.
20 x 30 cm

Korb:
1 Korken, Ø ca. 3 cm,
Höhe 1 cm

Schirm:
dünner Karton
Strohhalme, naturfarben
oder gefärbt
1 großer flacher Korken
1 Schaschlikspieß

Ein Besuch auf dem Wochenmarkt hat doch etwas Gemütliches an sich. Vielleicht können Sie demnächst direkt zu Hause einen Markt besuchen, denn einen Stand mit allem Zubehör zu basteln bringt Spaß, vor allem, wenn dann auch „Kunden" zum Einkaufen kommen.

Stand

1. Wir benötigen 8–10 gerade Zweigstücke, die wir mit einer alten Schere auf etwa 18 cm Länge schneiden oder abbrechen, und zwei Stücke von etwa 8 cm.

2. Die kurzen Stücke legen wir in einem Abstand von 14 cm auf die Styroporplatte. Damit uns die Zweige nicht wegrollen, befestigen wir sie mit Stecknadeln auf der Styroporplatte.

3. Jetzt bestreichen wir sie mit Holzleim und legen die langen Zweige in gleichmäßigen Abständen darauf, so daß ein Rost entsteht. Wir lassen alles gut trocknen. Danach nehmen wir den Rost vorsichtig von der Platte ab, bezeichnen aber zuvor die Stellen, wo er befestigt war.

4. In der Zwischenzeit schneiden wir vier „Zweiggabeln" zurecht, also Zweigstücke in Form eines „Y". Zwei davon sollten von der Gabelung bis zum Fuß 2,5 cm messen, die anderen beiden je 1,5 cm.

5. Die Astgabeln stecken wir 1 cm tief in die Styroporplatte, und zwar an den vorher bezeichneten Stellen. Die langen Gabeln stecken wir hinten ein, die kurzen vorn. Nun legen wir den Rost so darauf, daß die kurzen Queräste genau in den Astgabeln liegen.

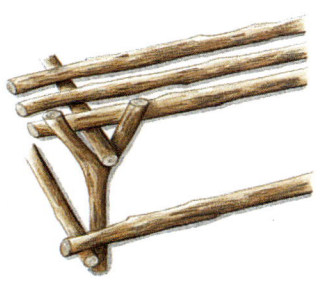

6. Um einen zusätzlichen Halt zu bekommen, können wir um die Beine des Standes noch vier Zweigstücke leimen.

Obststiegen

1. Pro Stiege verwenden wir 6 Zweigstücke à 7 cm und 6 à 5 cm. Wir legen zwei lange Stücke in einem Abstand von 4,5 cm nebeneinander, betupfen die Enden mit Leim und legen zwei kurze Stücke zu einem Rechteck darauf. Das wiederholen wir, bis alle Stücke verbraucht sind.

2. Für den Boden benötigen wir eine Reihe gleich langer Zweige. Wir schneiden sie zurecht, kleben sie entweder längs oder quer auf das vorhandene Rechteck und lassen die Stiege trocknen.

Korb

Wir schneiden oder knicken etwa 2 cm lange Zweigstücke ab und kleben sie längs um einen Korken von etwa 3 cm Durchmesser. Dabei sollen die Zweige an der schmalen Seite des Korkens abschließen. An der breiten Seite ergibt sich dann eine Öffnung, in die wir unsere Ware einfüllen können.

Sonnenschirm

1. Für den Schirm schneiden wir die Grundform aus Karton zu (Vorlage Seite 214), falten sie an den gestrichelten Linien und kleben sie an den markierten Kanten aneinander.

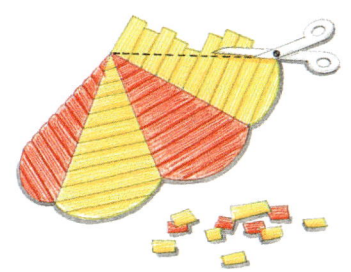

2. Die einzelnen Flächen bekleben wir mit plattgedrückten Strohhalmen. Da wir den Pappschirm an den gefalteten Stellen knicken können, dürfen die Halmstücke überstehen. Wenn sie gut kleben, begradigen wir die Ränder.

3. Um den Schaft zu befestigen, legen wir den Schirm mit der Öffnung nach oben auf ein Gefäß, tupfen Leim in die Spitze und stellen einen Schaschlikspieß hinein, den wir mit zwei Hölzchen abstützen. Den fertigen Schirm stecken wir in eine Korkscheibe.

4. Nun können wir unseren Marktstand bestücken, indem wir die Stiegen mit Hülsenfrüchten, gesammelten Baum- oder Strauchfrüchten, Beeren oder kleinen Blättern füllen. Aus einem Stoffsäckchen mit Körnern können wir „Kartoffeln" verkaufen und in einem kleinen Wassergefäß frische Blumen anbieten. Jetzt müssen nur noch viele Kunden kommen.

Das Sternenhimmelspiel

**DAS STERNEN-
HIMMELSPIEL**

Alter
ab 4 Jahre
Teilnehmer
ab 2 Kinder
Material
**1 Bogen glattes
Geschenkpapier in
Dunkelblau
Klebeband
Tafelkreide in Weiß
oder Gelb
Farbwürfel
Schwämmchen**

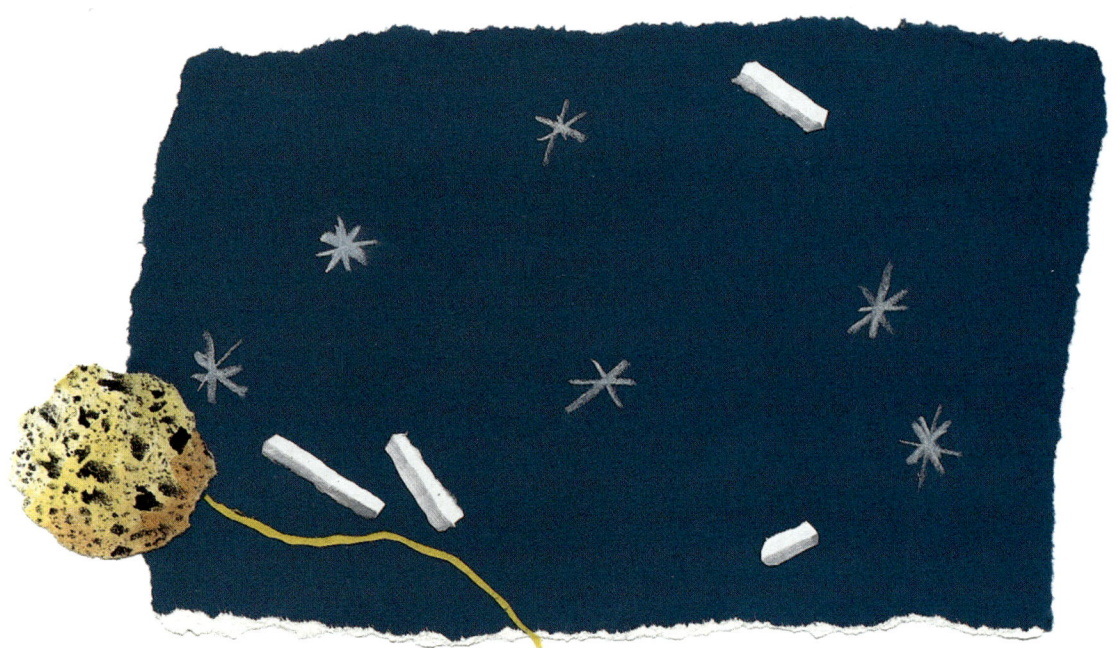

Dies ist ein Spiel, bei dem es keinen Sieger und keine Verlierer gibt. Was zählt, ist das phantasiebetonte Gemeinschaftserlebnis, dem vielleicht sogar die Beobachtung des wirklichen Sternenhimmels vorangegangen ist!

Zur Vorbereitung des Spiels kleben wir den ausgebreiteten Bogen Geschenkpapier mit Klebestreifen auf die Tischplatte. Diese dunkelblaue Fläche ist der Himmel.

Spielregeln

1. Wir sitzen am Tisch und würfeln reihum. Wer die Farbe Gelb gewürfelt hat, darf auf den „Himmel" mit Kreide einen Stern malen. Dabei denken wir uns, daß ein Stern am Nachthimmel aufgegangen ist.

2. Würfelt wieder einer von uns Gelb, malt auch er einen Stern auf den Himmel, und so fort. Wir würfeln und zeichnen nun solange weiter, bis der erste Spieler zehn Sterne gemalt hat und der Himmel voller Sterne ist.

3. Nun geht die Nacht zu Ende, und die Sterne verlöschen langsam. Wer nun Blau würfelt, nimmt das trockene Schwämmchen und löscht damit durch leichtes Rubbeln einen beliebigen Stern aus. Sind alle Sterne vom Himmel verschwunden, ist das Spiel zu Ende.

Sternenhimmelmobile

In lauen Sommernächten ist das Beobachten des klaren Sternenhimmels auch für Kinder ein ganz besonderes Erlebnis. Das Mobile könnte eine dekorative Erinnerung an so eine beeindruckende Nacht sein! Für diese Arbeit sollten die Kinder gut und sicher mit einer spitzen Schere umgehen können.

1. Für jede Käseschachtel übertragen wir zwei Motivseiten vom Vorlagebogen auf Tonpapier und schneiden dann die Umrisse und die Sterne oder Monde aus.

2. Jede dieser Motivseiten kleben wir vollflächig auf Transparentpapier und entfernen die überstehenden Ränder mit der Schere.

3. Nun nehmen wir die Käseschachteln auseinander und schneiden die Schachtelböden etwa 1 cm vom Rand entfernt heraus.

4. Nachdem wir die verbliebenen Bodenränder auf der Außenseite mit Klebstoff bestrichen haben, kleben wir die hinterklebten Stern- oder Mondmotive auf und stecken die Schachtelteile wieder zusammen.

5. Mit einem Faden messen wir den Umfang der einzelnen Schachteln und übertragen die Fadenlänge auf Tonpapier. Wir schneiden für jede Schachtel einen entsprechend langen und 2 cm breiten Streifen zurecht.

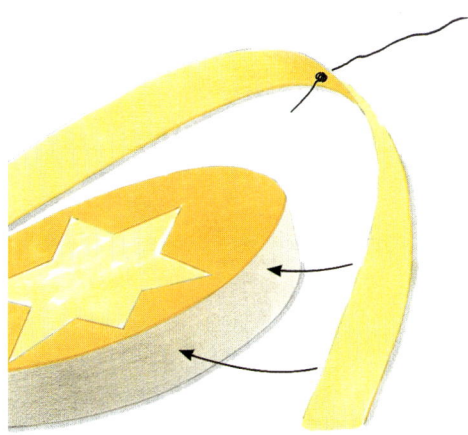

6. Den am Ende verknoteten Aufhängefaden ziehen wir mit der Nadel durch die Mitte des Streifens. Nun kleben wir den Streifen rund um die dazugehörende Käseschachtel und verzieren ihn mit den selbstklebenden Goldsternchen.

7. Zum Schluß überlegen wir, wo wir die durchscheinenden Sternenhimmelteile befestigen wollen. Vielleicht direkt am Fenster, damit das Licht gut hindurchscheinen kann? Oder auf einen Metallkleiderbügel, den wir zuvor mit Kreppapierstreifen umwickelt haben und der nun von der Decke baumelt? Vielleicht basteln wir aber auch eine schöne, große Wolke aus blauem Karton und hängen Mond und Sterne daran.

STERNENHIMMEL-MOBILE

Alter
ab 5 Jahre
Material
**Käseschachteln in verschiedenen Formen
gelbes Tonpapier
gelbes Transparentpapier
selbstklebende Goldsternchen
gelbes Stickgarn
Nähnadel
spitze Schere
Klebstoff**

4. Wir geben die Sandmasse auf die rauhe Seite einer Glasbildträgerrückwand und streichen sie mit einem Spachtel glatt. Andersfarbige oder anderskörnige Sandmassen geben wir entweder neben oder auf die bereits aufgespachtelte Sandmasse und verstreichen sie. Gearbeitet wird am besten naß in naß, da es zu Verfärbungen kommen kann, wenn neben oder auf eine bereits getrocknete Sandschicht eine nasse, andersfarbige gespachtelt wird.

5. Für kleine Motive, wie hier zum Beispiel Sonne oder Fisch, tragen wir die Sandmasse mit einem schmalen Spachtel oder einem Eislöffelchen auf und streichen sie in Form.

6. In die Sandmasse können wir dann mit einer Gabel oder einer Stricknadel Muster „einritzen", zum Beispiel Linien und Punkte.

7. Zum Schluß plazieren wir Muscheln, Schneckenhäuser und andere Naturmaterialien auf der Sandmasse und drücken sie ein.

8. Die Bilder sollten dann mindestens 2 Tage trocknen. Dann sind die Sande so verhärtet, daß die eingedrückten Objekte nicht mehr herausfallen.

Sandbilder

SANDBILDER

Alter
ab 5 Jahre (mit Hilfe eines Erwachsenen)
Material
Tapetenkleister
Wasser
Löffel
Plastikgefäße
Sand
Abtön- oder Plaka-farben
Rückwände von Glas-bildträgern
Spachtel
kleiner Eislöffel
Muscheln, Schnecken-häuser oder anderes Strandgut
Stricknadel
Gabel

Am Strand findet man viele Muscheln, Schneckenhäuser, vielleicht auch Seesterne, und natürlich Sand. Mit Sand kann man wunderbar Bilder „malen" und gleichzeitig das gefundene Strandgut einarbeiten. Bei den Vorbereitungen für diese etwas aufwendigere Arbeit sollten Sie Ihrem Kind allerdings tatkräftig zur Seite stehen.

1. Wir setzen den Tapetenkleister nach Packungsanleitung an.

2. Nach Ablauf der Quellzeit mischen wir verschiedene Sandmassen an. Dazu geben wir eine kleine Menge des fertigen Kleisters in ein Plastikgefäß und mischen nach Belieben Abtön- oder Plakafarben dazu.

3. In diese Masse geben wir nach und nach soviel Sand, daß eine steife Masse entsteht.

Strandspiele

Gerade für Kinder gibt es viele Möglichkeiten, sich am Strand zu beschäftigen: im Wasser tollen, Burgen bauen, in der Sonne aalen und vieles mehr. Aber auch Strandspiele, an denen sich meist mehrere Kinder beteiligen können, sind immer eine willkommene Abwechslung.

Wer ist denn das?

Wir malen Gesichter in den feuchten Sand. Von den anderen Mitspielern soll dann erraten werden, um wen es sich handelt. Wir zeichnen mit dem Finger die Umrißlinien und gestalten mit Hilfe von allerlei Strandgut (Muscheln, Schneckenhäuser, Tang, Schwemmholz ...) Nase, Augen, Mund und die unterschiedlichsten Gesichtszüge und Merkmale jedes einzelnen.

Was fehlt?

Wir malen mit dem Finger eine Spielfeldbegrenzung in den Sand, Größe etwa 30 x 30 cm. Dort hinein werden Muscheln, Seesterne, Steine, Stöckchen, Tang, Schneckenhäuser, und was man sonst am Strand so findet, hineingelegt. Insgesamt sollten es 10 bis 15 möglichst verschiedene Stücke sein. Ein Spieler soll sich nun für einen Moment alle Dinge anschauen und einprägen. Dann muß er sich wegdrehen und die Augen schließen. Jetzt nimmt ein Mitspieler einen Gegenstand aus dem Spielfeld heraus. Der Spieler darf sich wieder umdrehen und soll nun sagen, welches der Dinge verschwunden ist.

Handtuchrennen

Alle Kinder stellen sich in einer Reihe hinter einer Startlinie auf. Zuvor wurde ein Ziel festgelegt. Nun klemmt sich jedes Kind ein zusammengerolltes Handtuch zwischen die Beine und muß damit zum Ziel hüpfen, ohne das Handtuch zu verlieren. Wer das Handtuch fallen läßt, scheidet aus. Wer die Ziellinie zuerst erreicht, ist Sieger.

Mäuse-Körner-Spiel

MÄUSE-KÖRNER-SPIEL

Alter
ab 4 Jahre
Material
Tonpapier in verschiede-
nen Farben
schwarzer Stift
Schere
Klebstoff
kleine Steine
Körner oder Hülsen-
früchte in fünf Sorten

Wenn Ihnen und Ihren Kindern an langen Regennachmittagen nichts Interessantes einfällt, dann probieren Sie es doch einmal mit diesem lustigen Spiel. Bestimmt finden Sie in Ihrem Haushalt geeignetes Material. Die Mäuse sind einfach und zudem schnell zu fertigen, und das Spiel macht Großen und Kleinen Spaß. Wenn Sie ein wenig beim Falten und Kleben zur Hand gehen, gelingt auch jüngeren Kindern das Spitz-mäuschen.

Papiermaus

1. Aus Tonpapier schneiden wir ein Quadrat von 10 x 10 cm zu.

2. Wir falten das Quadrat Spitze auf Spitze und erhalten ein Dreieck.

3. Das Dreieck falten wir wieder auf und haben jetzt die Mittellinie. Eine Seite des Quadrats falten wir nun exakt zur Mittellinie. Die gegenüberliegende Seite falten wir ebenfalls zur Mittellinie und erhalten eine Drachen-form.

4. Wir öffnen den Drachen und falten die der Spitze gegenüberliegende Seite bis zu den Seitenknicken zur Mitte.

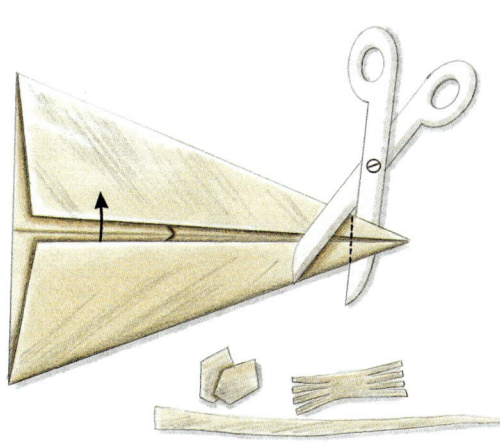

5. Von der Spitze schneiden wir für das Mauseschnäuzchen ein 1,5 cm langes Stück ab. Aus gleichfarbigem Tonpapier schneiden wir Ohren, Schwanz und Barthaare zu und malen mit dem Filzstift die Augen auf.

6. Jetzt können wir die Drachenhälften übereinanderschieben und zusammenkleben.

7. Wir kleben Ohren, Schwanz und Barthaare an und legen zum Beschweren einen Stein in jede Maus.

Mäuse-Körner-Spiel

Wir suchen uns einen Tisch mit möglichst glatter Oberfläche und plazieren unsere Mäuse so, daß wir sie gut erreichen können. Nun verteilen wir vier Körnerhäufchen auf der Tischplatte, und es kann losgehen. Nacheinander versuchen die Mitspieler, ein Korn mit dem Finger in die Mauseschnauze zu schnipsen. Dazu hat jeder vier Versuche. Alle Körner, die vom Tisch fallen, sind verloren und nicht mehr im Spiel. Wem es gelingt, seine Maus zu füttern, der darf es mit einer anderen Körnersorte noch einmal versuchen. Wessen Maus als erste alle Sorten gefressen hat, ist Mäusemeister.

Schmuck
aus Lederresten

SCHMUCK AUS LEDERRESTEN

Alter
ab 5 Jahre
Material
Lederreste
Schere
Klebstoff
Pauspapier
festes Papier
Bleistift
dünner Filzstift
Bürolocher
Sicherheitsnadel
1 Zahnstocher
Holzperlen
Schnur oder Hutgummi

Leder ist ein leicht zu verarbeitendes Material, das gut geklebt werden kann. Buntgemischte Lederreste finden Sie im Bastelgeschäft oder beutelweise in der Kurzwarenabteilung eines Kaufhauses.

Wenn wir uns für eine Figur entschieden haben, übertragen wir die Einzelteile von den Vorlagen auf Seite 215 auf festes Papier und schneiden sie aus. Dann legen wir die Papierteile auf das Leder, zeichnen mit einem dünnen Filzstift den Umriß auf und schneiden auch die Lederteile aus.

Gesicht
Die Zunge und den Streifen für die Haare kleben wir unter den ersten Kreis, dann bestreichen wir den zweiten mit Kleber, klappen beide zusammen und drücken sie fest. Durch den Verbindungssteg ist eine Schlaufe als Aufhänger entstanden. Wir „setzen" die Brille auf, zwei Lederschnipsel als Nase, und schneiden die Haare ein.

Maus
Ein Ohr und den Schwanz kleben wir hinter dem Körper fest, das andere Ohr obendrauf. Jetzt fehlen nur noch Auge und Nase. Dazu stanzen wir mit dem Bürolocher zwei Punkte aus und kleben sie an entsprechender Stelle auf.

Herz
Das große Herz schneiden wir zweimal aus, die kleineren einmal. Wir kleben das mittelgroße Herz auf ein großes und das kleine wiederum auf das mittelgroße.
Einen 5 cm langen und 1 cm breiten Lederstreifen falten wir zu einer Schlaufe, betupfen das untere Ende mit Kleber und drücken es auf die Rückseite des Herzens. Das zweite große Herz kleben wir dagegen.

Saurier und Drachen
1. Die Beine für den Dinosaurier kleben wir beide vorn, die für den Drachen jeweils vorn und hinten an den Rumpf. Die Zunge des Drachens und die Zacken für beide Tiere kleben wir hinten an.

2. Da es sehr mühselig ist, so kleine Kreise auszuschneiden, wie wir sie jeweils für die Augen der Tiere und

für das Fell des Drachen benötigen, können wir die Punkte mit dem Bürolocher ausstanzen. Dazu müssen wir den Locher aber vorher entleeren.

3. Zum Anstecken schneiden wir ein quadratisches Lederstück zu, das bequem in eine Sicherheitsnadel paßt. Das kleben wir mit der Nadelöffnung nach oben auf die Rückseite der Figur.

Tip: Sollte das Leder sehr dünn oder weich sein und sich leicht biegen lassen, kleben wir die gesamte Figur auf ein zusätzliches Lederstück und schneiden es rundherum aus.

Kette

1. Für jede „Perle" benötigen wir ein spitzzulaufendes Lederstück von 3–4 cm Breite und 10–15 cm Länge.

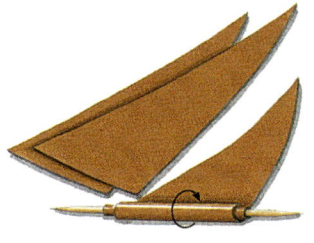

2. Wir wickeln die breite Seite um einen Zahnstocher herum und rollen den Keil auf. Die Spitze betupfen wir mit Kleber und drücken sie an.

3. Abwechselnd mit je einer kleinen Holzperle ziehen wir die Perlen für eine lange Kette auf eine Schnur oder, für eine kurze Kette, auf einen Hutgummi, so daß wir auch diese bequem über den Kopf ziehen können.

Vogel

Den großen Kreis als Vogelrumpf kleben wir auf den Kreis mit dem Schwanzteil, den kleinen als Vogelkopf auf den großen. Den Zweig und die Blätter befestigen wir nun auf der Rückseite. Die Schwanzfedern schneiden wir in schmalen Keilen ein.

Flugzeugmobile

2. Für jedes Flugzeug brauchen wir zwei Tragflächen, einen kürzeren Heckflügel und das Höhenruder. Wir übertragen diese Teile vom Vorlagebogen auf Tonkarton, der farblich zu den bemalten Rollen paßt, und schneiden sie aus.

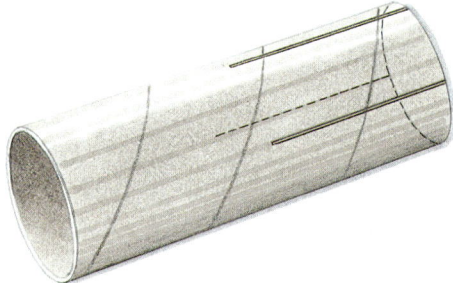

3. Sind die Rollen trocken, schlitzen wir sie beidseitig bis zur Mitte. Hier wird später der Heckflügel eingeschoben. Den Schnitt für das Höhenruder setzen wir genau zwischen die beiden ersten Schnitte.

4. Die großen Tragflächen kleben wir von außen auf die Papprolle. Dabei achten wir darauf, daß sie sowohl zueinander als auch zum Heckflügel parallel stehen.

5. Das Höhenruder knicken wir entlang der gestrichelten Linie und bestreichen den Knick mit Klebstoff. Nun können wir es ebenfalls auf die Rolle schieben und das Ruder von innen festkleben.

FLUGZEUGMOBILE

Alter
ab 8 Jahre
Material
6 leere Toilettenpapier-
rollen
blauer Tonkarton
Tonkartonreste in
verschiedenen Farben
Pauspapier
Wasserfarben
Pinsel
Schere
Klebstoff
Nähnadel
Faden

Mobiles sind ein reizvoller Zimmerschmuck, aber nicht einfach auszubalancieren. Auch ältere Kinder brauchen dabei die Unterstützung eines Erwachsenen. Die dekorativen Doppeldecker selbst können auch schon von Jüngeren gefertigt werden, wenn ein Erwachsener beim Einschneiden der Papprollen hilft.

1. Wir malen die Toilettenpapierrollen mit Wasserfarben unterschiedlich an.

6. Wir schieben den Heckflügel in die vorgesehenen Schlitze.

11. Um eine größere Stabilität zu erreichen, kleben wir die beiden großen Wolken aufeinander. An der kleinsten Wolke hängen wir ein Flugzeug auf und befestigen sie an einer der beiden mittelgroßen Wolken. Die übrigen Flugzeuge und Wolken verbinden wir entsprechend der Abbildung miteinander. Das Auspendeln erfordert Geduld und Fingerspitzengefühl, und wir lassen uns am besten dabei helfen.

7. Aus Tonpapier schneiden wir zwei schmale Streifen von einem halben Zentimeter Breite und etwa 14 cm Länge, die wir im Zickzack als Streben falten und zwischen die Tragflächen kleben.

8. Den Propeller schneiden wir entsprechend der Vorlage zu, malen einen Punkt auf die Mitte und kleben ihn vorn an die Papprolle.

9. Zum Schluß dekorieren wir die Flügel und ziehen direkt hinter den großen Tragflächen einen Faden zum Aufhängen durch die Pappe.

10. Haben wir die sechs Doppeldecker gefertigt, die wir für das Mobile benötigen, so übertragen wir die Wolken vom Vorlagebogen auf Fotokarton. Wir benötigen die große und mittlere Wolke doppelt, die kleine nur einmal.

Landschaft in der Schale

LANDSCHAFT IN DER SCHALE

Alter
ab 5 Jahre
Material
flache Schale aus Ton,
Email oder Holz oder
ein Körbchen
Sand, feiner Kies oder
Katzenstreu
Rindenstücke
getrocknete Gräser
Tannenzapfen
Moos oder Isländisch
Moos
Steinchen usw.

Leuchtturm:
2 Flaschenkorken
1 Korkscheibe,
Ø ca. 3 cm
Klebstoff
Farbe
Pinsel
1 flache Perle
1 Steck- oder Pinn-
wandnadel mit Glaskopf

Haben Sie eine ausrangierte flache Schale übrig, einen Blumentopfuntersetzer aus Ton oder ein Körbchen? Darin läßt sich nämlich hervorragend eine Miniaturlandschaft anlegen, die vielleicht an die letzten Ferien erinnert oder ganz der Phantasie entspringt.

1. Wir füllen die Schale bis 3 cm unter den Rand mit feinem Kies, Sand oder Katzenstreu. Nun breiten wir unsere Zutaten aus und beginnen, eine Landschaft aufzubauen. Wir setzen da einen Zapfen als Tanne hin, dort getrocknete Gräser als Bäume, Moos oder Isländisch Moos als Gebüsch. Wir brechen Rindenstückchen klein und legen sie zusammen mit Steinchen als Hügel an. Vielleicht haben wir auch ein Schneckengehäuse, einige Muscheln, oder wir finden bei unserem Spielzeug ein Holzhäuschen.

wir eine flache Holz- oder Glasperle und stecken darauf dann die Korkscheibe.

3. Jetzt bemalen wir den Leuchtturm mit roten und weißen Streifen und geben ihm ein schwarzes Dach. Wir lassen die Farbe trocknen und stellen den Turm in die Landschaft.

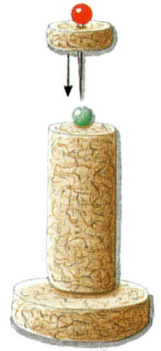

2. Wer mag, kann sich selber einen Leuchtturm bauen. Dafür kleben wir einen möglichst langen Flaschenkorken auf eine Korkscheibe von ca. 3 cm Durchmesser. Wir schneiden von einem anderen Flaschenkorken eine Scheibe ab und stecken ihn auf eine Nadel mit Glaskopf. Auf den langen Korken legen

Sammelbild für Naturfunde

Vielleicht halten Sie beim nächsten Spaziergang einmal Ausschau nach getrockneten Binsengräsern. Dann nehmen Sie am besten gleich ein Bündel mit, denn es ist ein leicht zu verarbeitendes Material, aus dem sich einiges basteln läßt. Sollten Sie nicht fündig werden, kann Wellpappe als Ersatz dienen.

SAMMELBILD FÜR
NATURFUNDE

Alter
ab 6 Jahre
Material
1 Reststück Karton
oder Pappe
1 Bildaufhänger
Holzleim
Schere
trockene Binsengras-
halme
allerlei Naturfunde mit
Stengel

1. Aus dünner Pappe oder Karton schneiden wir zunächst einen Kreis im Durchmesser von 10–12 cm aus, bekleben ihn ganzflächig mit Binsengrashalmen, die an den Rändern etwas überstehen, und lassen alles gut trocknen.

und kleben sie so auf, daß sie an einer Seite der Rundung abschließen. Auf der Rückseite befestigen wir einen Aufhänger.

3. In die Halmöffnungen können wir nun getrocknete Gräser und Blumen, Federn und alle möglichen Naturfunde stecken, die einen Stiel haben. Wir können dabei aber auch nachhelfen, indem wir, zum Beispiel an ein leeres Schneckenhaus, einen Stiel ankleben.

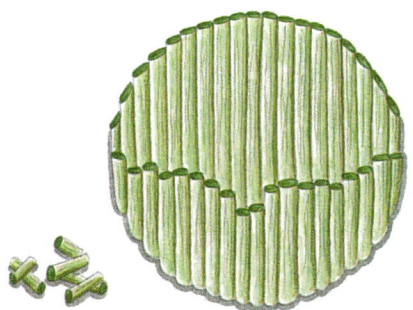

2. Wir drehen den Kreis um und knipsen mit der Schere die überstehenden Halme ab. Jetzt schneiden wir einige kürzere Halmstücke zu

Spielbild

SPIELBILD

Alter
ab 8 Jahre
Material
grüner Tonkarton
Tonpapierreste in Grün,
Rot, Gelb, Blau und
Schwarz
Seidenpapier in Grün
und Rot
Pauspapier
Bleistift
Faden
Nadel
Schere
Klebstoff

Dieses hübsche Rundbild illustriert das Gedicht vom schlafenden Apfel. Zahlreiche Details machen die Darstellung sehr lebendig, erfordern aber auch Geduld und Sicherheit beim Schneiden und Kleben. Denken Sie an eine schnittfeste Unterlage, und erklären Sie auch älteren Kindern den Umgang mit dem scharfen Cutter.

1. Vom Vorlagebogen übertragen wir das Grundbild auf grünen Tonkarton und schneiden das Motiv mit dem Cutter heraus.

2. Aus grünem Seidenpapier schneiden wir schmale Streifen von etwa 2 cm Breite, knüllen sie etwas zusammen und kleben sie sorgfältig auf die Baumkrone. Je dichter wir die Streifen kleben, um so plastischer wirkt die Krone.

3. Aus dem roten Seidenpapier formen wir kleine Kügelchen und kleben sie als Äpfel in den Baum.

4. Nun fehlt noch der Vogel, den wir vom Vorlagebogen übertragen, ausschneiden und zwischen das grüne Seidenpapier der Baumkrone kleben.

5. Vom Vorlagebogen übertragen wir die Details für den Bildrand und schneiden die Einzelteile aus. Wir kleben sie vorsichtig zusammen. Das Gras aus hellgrünem Tonpapier schneiden wir oben ein und kleben es so auf den Rand, daß das Kind im roten Kleid im Gras zu stehen scheint. Sonne und Wolke malen wir mit dem Filzstift Gesichter auf.

6. Sonne und Windwolke werden mit kleinen Papierstreifen befestigt, die wir um den Bildrand herumführen. Dabei achten wir darauf, die Wolke nur locker zu befestigen, damit wir sie leicht über die Sonne schieben können.

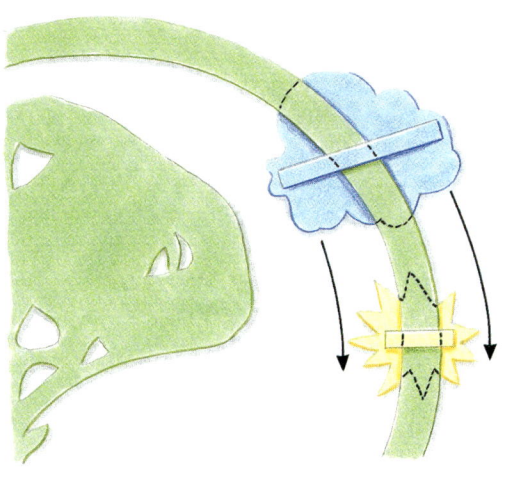

7. Zuletzt verknoten wir ein Ende des dünnen Fadens, fädeln ihn von hinten durch die Baumkrone und kleben den Apfel auf das herabhängende Ende. Dabei bestimmen wir die Länge und Position so, daß der Apfel gerade über der ausgebreiteten Schürze des Kindes hängt.

8. Anschließend stecken wir den Apfel locker in die Baumkrone. Wenn wir nun zum letzten Vers des untenstehenden Gedichtes den Apfel vom Baum pusten, fällt er dem Kind direkt in die Schürze.

Vom schlafenden Apfel

Im Baum, im grünen Bettchen,
Hoch oben sich ein Apfel wiegt,
Der hat so rote Bäckchen,
Man siehts, daß er im Schlafe liegt.

Ein Kind steht unterm Baume,
Das schaut und schaut und ruft hinauf:
Ach, Apfel, komm herunter!
Hör endlich doch mit Schlafen auf!

Es hat ihn so gebeten,
Glaubt ihr, der wäre aufgewacht?
Er rührt sich nicht im Bette,
Sieht aus, als ob im Schlaf er lacht.

Da kommt die liebe Sonne
Am Himmel hoch daherspaziert.
Ach, Sonne, liebe Sonne,
Mach du, daß sich der Apfel rührt!

Die Sonne spricht: Warum nicht?
Und wirft ihm Strahlen ins Gesicht,
Küßt ihn dazu so freundlich;
Der Apfel aber rührt sich nicht.

Nun schau, da kommt ein Vogel
Und setzt sich auf den Baum hinauf.
Ei, Vogel, du mußt singen;
Gewiß, gewiß, das weckt ihn auf!

Der Vogel wetzt den Schnabel
Und singt ein Lied so wundernett
Und singt aus voller Kehle,
Der Apfel rührt sich nicht im Bett.

Und wer kam nun gegangen?
Es war der Wind, den kenn ich schon;
Der küßt nicht, und der singt nicht,
Der pfeift aus einem andern Ton.

Er stemmt in beide Seiten
Die Arme, bläst die Backen auf
Und bläst und bläst, und richtig,
Der Apfel wacht erschrocken auf

Und springt vom Baum herunter
Grad in die Schürze von dem Kind;
Das hebt ihn auf und freut sich
Und ruft: Ich danke schön, Herr Wind!

(Robert Reinick)

Steintiere

STEINTIERE

Alter
ab 5 Jahre
Material
Steine
Plakafarben
Pinsel
Mattlack
Filzreste
Schere
Jutegarn
Klebstoff

Steine findet man fast überall: am Flußufer, am Wegesrand… Halten Sie doch bei Ihrem nächsten Spaziergang mit den Kindern nach schönen Findlingen Ausschau – Sie können sie vielseitig zum Basteln verwenden. Bemalt und mit Filzresten beklebt, werden aus ihnen lustige Steintiere.

1. Wir schauen uns mehrere Steine an und überlegen, welche Form für welches Tier geeignet wäre.

2. Haben wir einen Stein ausgewählt und entschieden, welches Tier aus ihm werden soll, malen wir den Stein auf einer Seite in der passenden Farbe an, lassen ihn trocknen, drehen ihn um und bemalen mit der gleichen Farbe die Unterseite.

3. Wir drehen den getrockneten Stein wieder um und malen das Gesicht auf.

4. Abschließend überziehen wir den ganzen Stein zum Schutz erst auf der Ober-, dann auf der Unterseite mit Mattlack.

5. Die Ohren und beim Frosch die Augen schneiden wir jeweils zweimal aus Filz zu und kleben sie von hinten an den Stein.

Tiger

Für den Tiger grundieren wir einen Stein gelb. Die Maul-Kinn-Gegend hellen wir mit etwas Weiß auf. Darauf malen wir mit Schwarz das Gesicht und die Streifen. Die Ohren schneiden wir aus gelbem Filz zu und kleben sie an.

Schwein

Die Schnauze des Schweins ist ein kleinerer Stein, der in der gleichen Farbe wie das Gesicht angemalt und dann aufgeklebt wird. Nasenlöcher, Augen und Mund werden mit Schwarz aufgemalt, dann kleben wir zwei Ohren aus rosa Filz an.

Raupe

Der Körper der Raupe besteht aus vielen kleinen Steinen, die wir grün bemalen und anschließend hintereinander legen. Auf den ersten, etwas größeren Stein malen wir Augen und Maul.

Löwe

Den Stein für den Löwenkopf grundieren wir gelb und malen das Gesicht auf. Für die Löwenmähne schneiden wir Jutegarn in kleine Stücke, drehen die einzelnen Fäden auseinander und kleben sie dann büschelweise rund ums Gesicht.

Bär

Wir grundieren den Stein braun, malen mit Hellbraun die Schnauze und mit Schwarz das Maul und die Augen auf. Nach dem Überziehen mit Mattlack kleben wir zwei Ohren aus braunem Filz an.

Marienkäfer

Auf den vorher rot grundierten Stein malen wir die vordere Partie sowie den Mittelstreifen und die Punkte mit Schwarz auf.

Frosch

Wir malen einen Stein grün an. Das Maul und die Nasenlöcher werden mit Schwarz aufgesetzt. Für die Augen kleben wir Kreise aus rotem Filz auf Halbkreise aus grünem Filz, malen eine Pupille auf und kleben die Filzaugen an.

Tierwettrennen

Die eben entstandenen Tierköpfe können wir auch als Spielfiguren benutzen …

Wir malen mit Kreide eine große Raupe auf den Asphalt oder ritzen die Zeichnung in feuchten Sand. Wir teilen die Raupe in viele Felder auf (siehe Bild). Alle Spielfiguren werden auf das 1. Feld gesetzt. Reihum wird gewürfelt, und jeder Spieler setzt seine Spielfigur der Anzahl der Würfelaugen entsprechend in Richtung Raupenkopf in Bewegung. Wer erreicht zuerst das Ziel? Wir können uns aber auch einige Hindernisse überlegen, die es erschweren, zum Ziel zu gelangen: Wer eine 6 würfelt, setzt eine Runde aus; wer eine 3 würfelt, muß drei Felder zurück …

TIERWETTRENNEN

Alter
ab 5 Jahre
Teilnehmer
3–6 Kinder
Material
Steintiere
Würfel
Kreide oder Stock

Ziel

Start

Max, der Igel

Habt Ihr schon einmal einen Igel aus der Nähe gesehen? Er hat ganz kleine Ohren, lustige Knopfaugen und eine ziemlich lange Schnauze. Das Auffälligste an ihm aber sind die Stacheln, die seinen Rücken bedecken. Wenn ihm Gefahr droht, rollt sich der Igel zu einer Kugel zusammen, stellt seine Stacheln auf und versucht so, seine Feinde abzuschrecken. Im letzten Sommer hatte ich viel Spaß mit solch einem kleinen Igel. Zusammen mit meinen Eltern, Thomas, meinem großen Bruder, und Bill, unserem Neufundländer, wohne ich in einem alten Haus am Rande der Stadt. Wir haben einen großen Garten, in dem alles wild durcheinander wächst. Meinen Eltern gefällt es so, und Thomas und ich spielen am liebsten Verstecken zwischen den alten Sträuchern oder laufen durch den Wald, der gleich hinter der Hecke beginnt. Bill ist natürlich auch begeistert von unserem Garten, in dem er von morgens bis abends herumtollen kann. Eines Nachmittags hörten wir ein Rascheln im vertrockneten Laub unter der großen Buche. Wir lauschten und entdeckten nach einigem Suchen einen kleinen Igel. Natürlich freute ich mich sehr und stellte ihm gleich ein Schälchen mit Milch auf die Terrasse. Später wußte ich, daß Igel im Sommer gar kein Futter brauchen, denn im Garten finden sie genug zu fressen. Max, so hatte ich den Igel getauft, gewöhnte sich schnell an uns und kam jeden Abend um die gleiche Zeit. Es machte uns Freude, ihn zu beobachten, und schon bald hatten wir ihn alle ins Herz geschlossen. Alle, bis auf Bill, unseren Neufundländer, der Max wütend anknurrte, sobald er ihm begegnete. Ob er vielleicht eifersüchtig war?

Viel eher, als uns lieb war, ging der Sommer zu Ende. Die Tage wurden kürzer, und es blieb nicht mehr viel Zeit, um Max zu beobachten, denn bald würde er sich ein Winterquartier suchen und die kalten Monate verschlafen. Die Bäume hatten ihr Laub verloren, das in großen feuchten Haufen überall herumlag. Ganz hinten im Garten stand das Regenwasser in großen, tiefen Pfützen, und ohne Gummistiefel konnten wir uns kaum hinauswagen. So verbrachten wir die Tage oft in der warmen Küche. Eines Nachmittags, es war gerade die Zeit, zu der Max uns den Sommer über besucht hatte, hörte ich Bills Knurren aus dem Nachbarzimmer. Neugierig, schaute ich aus dem Fenster. Ganz hinten im Garten bei den Laubhaufen lauerte ein junger Fuchs. Ich erkannte ihn gleich an der Farbe seines Fells und dem buschigen Schwanz. Und nicht weit von ihm, ganz nah der größten und tiefsten Pfütze, sah ich noch etwas: eine kleine stachelige Kugel. Nach Igelart versuchte sich Max vor dem Angriff des Fuchses zu retten, aber gleich würde er ins Wasser rollen. Dann müßte er aber sein schützendes Stachelkleid öffnen, wollte er nicht ertrinken. Und dann ... Während ich noch darüber nachdachte, wie ich Max helfen könnte, rannte Bill zur Terrassentür, die nur angelehnt war, und stürzte mit zornigem Gebell in den Garten hinaus. Mit einem so wütenden Hund mochte sich auch der Fuchs keinen Kampf liefern und suchte das Weite. Bill aber rollte mit seiner Pfote die kleine Max-Kugel auf den sicheren Rasen, lief zurück ins Haus und freute sich, als ich ihn für seinen Mut lobte. Auch im nächsten Sommer sind Bill und Max keine Freunde geworden, aber ausgebellt hat Bill unseren stacheligen Freund nicht mehr.

(Jutta Maier)

Wortspiele

WORTSPIELE

Alter
ab 6 Jahre
Teilnehmer
mindestens 2 Kinder

Wortspiele sind eigentlich für jeden Anlaß geeignet. „Ein Vogel sitzt im Baum" können sie auch während einer langen Autofahrt mit Ihren Kindern spielen, um sich die Zeit zu vertreiben.

Ein Vogel sitzt im Baum

Dies ist ein Wörterdomino, das wir zu zweit, aber auch mit mehreren Kindern spielen können.

Es sollen kurze Sätze gebildet werden, in denen jeweils zwei Begriffe aus der Natur vorkommen. Zum Beispiel: „Ein Vogel sitzt im Baum." Im folgenden Satz steht der zweite Naturbegriff am Anfang: „Der Baum trägt weiße Blüten." Auf diese Weise wird eine Kette von Sätzen gebildet: „Ein Vogel sitzt im Baum." – „Der Baum trägt weiße Blüten." – „Eine Blüte weht im Wind." – „Der Wind weht durchs Feld." – „Im Feld sitzt ein Hase." usw. Wir können das Wörterdomino nach Belieben fortsetzen, indem jeder Teilnehmer reihum einen Satz findet. Wir können es aber auch so spielen: Wer nicht weiter weiß oder wer einen Begriff in seinen Satz baut, der nicht aus der Natur kommt (zum Beispiel: „Ein Baum steht auf der Straße"), der scheidet aus. Das geht so lange, bis nur noch ein Teilnehmer übrig ist – das ist der Sieger.

Morgenrot und Wolkenbruch

Wir bilden einen Kreis. Das Spiel geht reihum. Wieder werden kurze Sätze gebildet, in denen das Wort „Wolke" oder „Wolken" vorkommt. Zum Beispiel: „Die Wolke steht am Himmel." – „Aus den Wolken regnet es." – „Ich sehe eine Wolke." usw. Jeder Teilnehmer sagt einen oder mehrere Sätze, worauf die anderen nach jedem Satz geschlossen „Morgenrot" rufen. Das geht so lange, bis ein Satz eingeschmuggelt wird, der nichts mit Wolken zu tun hat. Zum Beispiel: „Die Wolke ißt Sauerkraut." – oder „Auf der Wolke sitzt eine Kuh."

Darauf müssen die anderen „Wolkenbruch" rufen und auf den Tisch klopfen oder in die Hände klatschen. Wer statt dessen „Morgenrot" ruft, scheidet aus.

Bananentrick

Haben Sie schon einmal eine Banane geschält, deren Inneres bereits in einzelne Stücke geschnitten, die Schale rundherum aber unversehrt war? Wer weiß, wie das gemacht wird, kann damit jeden Bananenesser in Erstaunen versetzen.

1. Wir fädeln einen Nähfaden in die Nadel und stechen so damit in die Banane ein, daß die Nadel knapp unter der Schale entlang führt und auf der anderen Seite wieder herauskommt. Das Fadenende lassen wir am Einstichloch hängen.

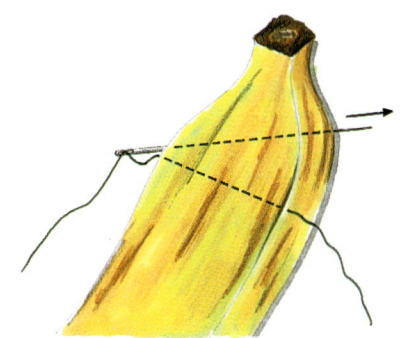

2. Jetzt stechen wir genau da ein, wo der Faden hinausführt, auch wieder knapp unter der Schale entlang. Das wiederholen wir im Ganzen viermal, bis wir einmal um die Banane herum sind.

3. Nun ziehen wir die Nadel da heraus, wo wir zuerst eingestochen haben. Beide Fadenenden gucken also aus demselben Einstich heraus, und der Faden läuft einmal um das Bananeninnere herum.

4. Ziehen wir nun beide Fadenenden zusammen ab, ist an der Banane nichts mehr zu sehen. Wir können sie ganz normal schälen, finden sie innen aber durchgeschnitten.

BANANENTRICK

Alter
ab 6 Jahre
Material
1 Banane
Nähnadel
Nähfaden

Wir machen Wind

WIR MACHEN WIND

Alter
ab 4 Jahre
Material
Tonpapier, Zeitungspapier oder Zeichenpapier
Ölkreiden, Filzstifte oder Wasserfarben
Lineal
Schere
Bleistift
Heftklammermaschine
2 Holzleisten,
0,5 cm dick, 25 cm lang,
2 cm breit
Klebstoff

Machen Sie Ihre Kinder an einem heißen Sommertag auf die kühlende Wirkung des Windes aufmerksam. Erklären Sie, daß Wind bewegte Luft ist, die nicht nur kühlen, sondern auch Dinge bewegen kann! Beobachten Sie gemeinsam, was der Wind alles in Bewegung setzt (Blätter, Wasser, Segelschiffe, Hüte (!) …). Lassen Sie danach die Kinder durch Experimentieren selbst erfahren, daß auch sie Gegenstände bewegen können, indem sie Luft bewegen.

Spanischer Fächer

1. Zuerst schneiden wir einen Papierstreifen zu, der dreimal so lang wie breit ist, also zum Beispiel 60 x 20 cm.

2. Nun markieren wir an der oberen und unteren Längskante Abstände von 2 cm Breite und verbinden diese Punkte dann von oben nach unten mit Hilfe von Lineal und Bleistift.

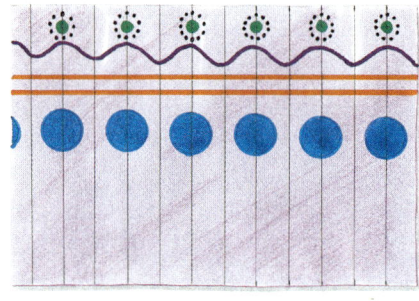

3. Wir bemalen den Papierstreifen nach unseren Vorstellungen und falten ihn wie eine Ziehharmonika entlang der eingezeichneten Linien.

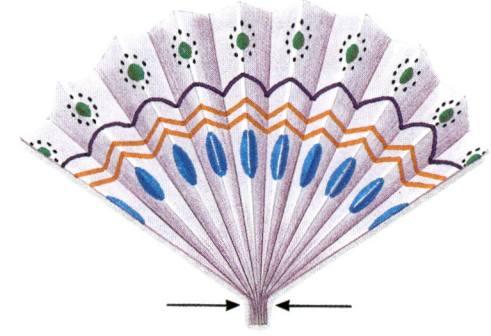

4. Ist der Streifen schließlich zu einem schmalen Päckchen gefaltet, klammern wir es an einer Seite zusammen und fächern es auf der anderen Seite auf.

Scheibenfächer

1. Für den Scheibenfächer brauchen wir einen Papierstreifen von 63 cm Länge und 10 cm Breite. (Verhältnis etwa 6:1)

2. Nachdem wir die 2 cm breiten Faltlinien eingezeichnet haben, bemalen wir den Streifen und falten ihn erst danach wie eine Ziehharmonika.

3. An die Streifenenden der Schmalseiten kleben wir die beiden Holzleisten. Mit Hilfe dieser Leisten können wir den Papierstreifen nun zu einem Scheibenfächer aufklappen.

Experimente

Der Wind ist nichts anderes als bewegte Luft und kann Dinge bewegen. Wenn wir selbst Luft bewegen, können wir dann auch Gegenstände in Bewegung setzen?

1. Wir legen ein kleines Papierstück auf den Tisch. Wie können wir es bewegen? Wir probieren verschiedene Möglichkeiten aus.

2. Fällt uns noch eine andere Möglichkeit ein, das Papier durch Luft bewegen zu lassen, ohne daß wir dazu blasen oder saugen?

3. Versuchen wir, das Papier mit Hilfe eines ruckartig bewegten Kartonstückes, eines Fächers oder einer Klatsche vorwärtszutreiben!

4. Beobachten wir: Wie weit kann die von uns bewegte Luft das Papier treiben? Bewegt sich das Papier immer geradeaus? Können wir auch Gegenstände aus anderem Material durch Luftbewegung vorwärtsschieben, etwa Watte, Wolle oder Streichhölzer? Welche Materialien lassen sich gut, schlecht oder gar nicht bewegen?

Fensterbilder aus Blüten

FENSTERBILDER AUS
BLÜTEN

Alter
ab 5 Jahre
Material
getrocknete Blüten-
blätter in verschiedenen
Farben
helles Transparent-
papier
flüssiger Kleber
dünner farbiger Karton
Bleistift
Schere
Pauspapier
Papier
Klebestreifen
Faden

**Wenn Sie Ihre verblühten Gera-
nien abzupfen oder der herrliche
Rosenstrauß nun doch langsam
welk wird, werfen Sie die Blütenblätter nicht gleich weg. Daraus
lassen sich schöne Fensterbilder
basteln.**

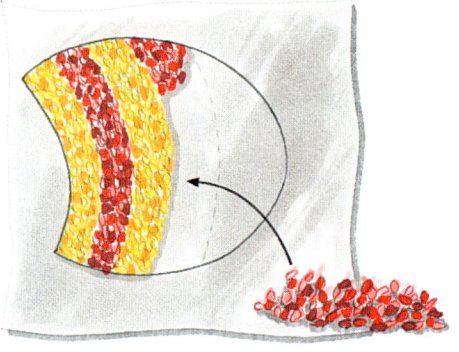

Fisch

1. Wir übertragen den Fisch von der
Vorlage Seite 217 auf farbigen Karton, schneiden ihn aus und zeichnen die innere Form des Fisches auf
Transparentpapier.

2. Wir bestreichen nun einen 1–2 cm
breiten Streifen der aufgezeichneten
Fläche deckend mit Klebstoff. Wir

bröseln mit den Fingerspitzen eine
Farbe getrocknete Blütenblätter
darauf, so daß die gesamte Klebefläche bedeckt ist. Dann drücken
wir die Blütenblätter mit dem Finger
vorsichtig an und schütteln die losen
Brösel über einem Blatt Papier ab.

3. Wir streichen den nächsten
Streifen mit Klebstoff ein und wiederholen dasselbe mit einer anderen
Farbe Blütenblätter. Das machen
wir so oft, bis die ganze Fläche bedeckt ist.

4. Die Rückseite des Fisches betupfen wir rund um die Öffnung mit Kleber, legen ihn auf das bestreute Transparentpapier und schneiden den überstehenden Rand rundherum ab.

5. Als Auge können wir eine getrocknete Blume ankleben oder einfach eins aufmalen. An der markierten Stelle ziehen wir einen Faden als Aufhänger durch.

Blumenmotiv

1. Das Blumenmotiv übertragen wir von der Vorlage Seite 216 auf weißes Papier und heften mit Klebestreifen einen Bogen helles Transparentpapier darauf.

2. Wir bestreichen nach und nach die einzelnen Flächen der Zeichnung mit Klebstoff und bröseln, wie schon beim Fisch beschrieben, die verschiedenen Blütenfarben darauf, bis die Zeichnung und der Hintergrund bedeckt sind.

3. Nun schneiden wir noch den Rahmen aus farbigem Karton zu, kleben ihn auf und schneiden den überstehenden Rand mit der Schere ab. In der oberen Mitte ziehen wir einen Faden durch.

Lustige Trolle

LUSTIGE TROLLE

Alter
ab 7 Jahre
Material
Baumstamm (hier Ø ca.
12 cm; Länge ca. 30 cm)
2 Docken Bast
2 Holzkugeln
Plakafarben in Weiß
und Schwarz
Pinsel
Klammerhefter (Tacker)
Heißklebepistole oder
Holzleim
Holzfeile
Dauer
ca. 1 Stunde

**Diese beiden trolligen Gesellen werden sicherlich einen festen (aber regengeschützten) Platz auf Ihrem Balkon, Ihrer Terrasse oder in Ihrem Garten finden.
Baumstämme in dieser Größe finden Sie beim Kaminholz, Holzhandel …
Bei dieser Bastelarbeit müssen Sie Ihrem Kind manchmal helfen.**

1. Zuerst schmücken wir unsere Trolle mit buschigen Haaren. Dazu wickeln wir Natur- oder Kunstbast mehrmals um einen ca. 6 cm hohen Gegenstand, z. B. ein Brett, schneiden den Faden mit einer Schere ab und knoten mit seinem Ende eine Seite des umwickelten Bastes fest zusammen.

3. Den Bastbüschel heften wir mit dem Klammerhefter oben am Baumstamm fest. Die restlichen Haarbüschel stellen wir ebenso her und befestigen sie nebeneinander auf dem Stamm.

2. Anschließend schneiden wir oben die entstandenen Schlaufen vorsichtig mit einer Schere auf und schon ist ein Haarbüschel für unseren Troll fertig.

4. Für die Nase feilen wir eine Holzkugel an einer Seite etwas flach und kleben sie an. Augen und Mund malen wir mit Plakafarben auf. Dann können wir den Trollen Ohren aus kleinen Holzstücken ankleben.

Bunte Trolle

Früher sahen sich alle Trolle ähnlich: braune Haut, Knubbelnase und eine wilde blonde Mähne. Die aber war ihr besonderer Stolz. Damit die Haare immer schön abstehen und golden schimmern, schmierten sich die Trolle jeden Morgen Honig hinein. Eines Morgens geschah es, daß ein Troll den Honig mit Erdbeermarmelade verwechselte. Was gab es da für Bewunderungsrufe von den anderen Trollen: „Wie hast du deine Haare so toll rot bekommen?" Da sah er das halbleere Glas Erdbeermarmelade, und es dämmerte ihm: Er erzählte von der Erdbeermarmelade. Da rannten die anderen Trolle schnell nach Hause, um das Haarefärben gleich auszuprobieren. Und da nicht jeder Erdbeermarmelade im Haus hatte, schmierte sich der eine Blaubeermarmelade, ein anderer Stachelbeermarmelade ins Haar. Von nun an sahen sich die Trolle nicht mehr ähnlich, und ein jeder konnte sie gut voneinander unterscheiden.

Dino-Marionette

**Für diese Bastelei ist es wohl
angebracht, erst einmal bei
Freunden und Verwandten auf
„Korkenjagd" zu gehen; vielleicht
kann man ja auch in einem Lokal
nachfragen.**

Rumpf

1. Wir schneiden eine Toilettenpapierrolle längs auf. Dann bekleben
wir sie mit 8 Reihen von je zwei Korken und kleben den überstehenden
langen Rand nach innen fest. Den
kurzen seitlichen Rand schneiden
wir ab.

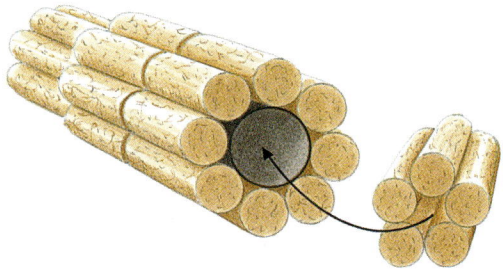

2. Nun kleben wir je einmal sechs,
fünf und drei Korken zu einer
Rosette zusammen. Die fünf Korken
kleben wir vorn an den Rumpf an,
die Rosette mit sechs Korken an den
hinteren Teil des Rumpfes. Dies
sind die festen Bestandteile unserer
Marionette.

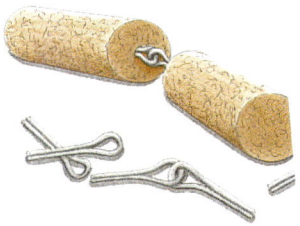

3. Alle nachfolgenden Teile sollen beweglich sein. Dazu müssen wir erst 37 Ösen aus Silberdraht herstellen, die man ineinander einhängen kann. Wir schneiden ca. 5 cm Draht ab, legen sie zur Hälfte über die Rundzange und drücken den Hals der Öse mit der Flachzange zusammen. Nun kann man immer zwei von ihnen zusammenhängen.

Beine

Je zwei Korken werden mit unserer Ösenkonstruktion verbunden, indem wir die Ösen in den Kork drücken. Die Beine nun am Körper befestigen. Als Fuß kleben wir je einen halben Korken an.

Schwanz

Die drei zusammengeklebten Korken befestigen wir mit Ösen am Rumpf, daran hängen wir noch zwei weitere Korken und einen schräg zurechtgeschnittenen halben.

Hals

Gleiche Konstruktion wie für den Schwanz, nur besteht dieser aus drei zusammengeklebten und drei einzelnen, jeweils ganzen Korken.

Kopf

Den Kopf formen wir aus dem Sektkorken, an den wir zwei schräg zurechtgeschnittene Korken kleben; ein kleines abgerundetes Stück kleben wir als Hinterkopf an. Wir befestigen noch die Augen und die Zähne, die wir nach der Vorlage Seite 221 aus Tonpapier geschnitten haben. Zuletzt befestigen wir den Kopf mit Ösen am Hals.

Fertigstellung

Damit wir die Fäden der Marionette befestigen können, müssen wir die drei restlichen Ösen an Kopf, Rumpf und erstem Schwanzglied anbringen. Die Fäden der Beine knüpfen wir an die Kniegelenke. Zum Schluß bohren wir mit einem Holzbohrer Löcher in die 6 Ecken des Marionettenkreuzes. Dann bringen wir die Marionettenfäden mit Hilfe der Holzperlen in der richtigen Länge oben an der Holzführung an. Jetzt kann der Dino durch die Wohnung stampfen ...

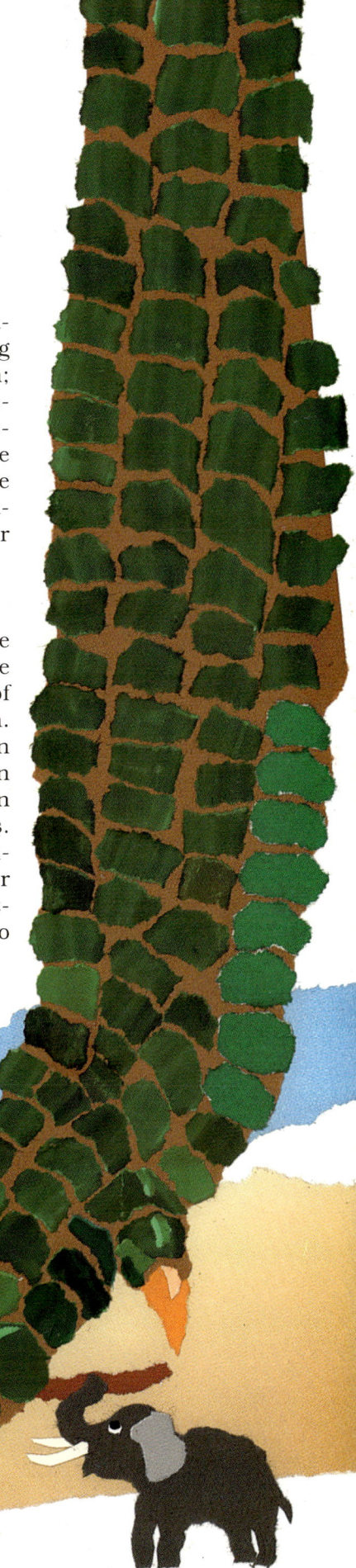

Schultüte Fisch

SCHULTÜTE FISCH

Alter
ab 6 Jahre
Material
2 Bogen blaues
Tonpapier
2 Bogen grünes
Tonpapier
grünes Kreppapier
Regenbogenpapier
Goldpapier
schwarzer Wachsmalstift
Schere
evtl. Zackenschere
Klebstoff

Eine Schultüte kaufen kann jeder, aber solch einen Fisch zieht nicht jeder an Land. Während Sie gemeinsam mit Ihrem Vorschulkind den Fisch basteln, können Sie von der Schule erzählen und sich an Ihre Einschulung erinnern: Wie sah Ihre Schultüte aus? Was war darin? Waren Sie sehr aufgeregt? Es wird Ihrem Kind Freude machen, sich so auf den eigenen großen Tag einzustimmen.

1. Für den Körper falten wir die Schmalseiten der beiden grünen Bögen auf die Längsseiten und schneiden den Überstand ab. So erhalten wir zwei Quadrate mit einer Mittellinie.

108

2. Wir falten die beiden Quadrate auf und knicken zwei benachbarte Seiten zur Mittellinie. Es entsteht ein Drachen. Die der Drachenspitze gegenüberliegende Ecke schneiden wir in einem leichten Bogen ab. Besonders gut gelingt das mit einer Zackenschere.

3. Wir legen den einen Drachen in den anderen und kleben beide zusammen. Der Körper des Fisches ist fertig.

6. Diesen Ring kleben wir etwa 20 cm tief in das Fischmaul hinein. Ist der Fisch später gefüllt, schließen wir den Ring mit einem dicken Wollfaden.

7. Die Augen schneiden wir aus einem Tonpapierrest zu und malen mit dem Wachsmalstift Pupillen auf.

4. Vom Vorlagebogen übertragen wir die Flossen, schneiden sie jeweils doppelt zu und kleben sie an den Körper.

5. Von der Kreppapierrolle schneiden wir ein etwa 6 cm breites Stück ab und verkleben die Enden miteinander, so daß wir einen Ring erhalten.

8. Für die Schuppen schneiden wir Kreise aus Goldfolie und Regenbogenpapier zu und kleben sie leicht überlappend auf beide Seiten des Fisches. Wir benötigen etwa 40 bunte und 10 glänzende Schuppen.

9. Jetzt fehlt nur noch eine leckere Füllung, und die Schultüte ist fertig.

Wenn goldne Sonnenblumen blühn
und Mais steht auf den Feldern,
wenn Vögel in den Süden ziehn
und bunt das Laub der Wälder,
wenn Drachen steigen in die Luft,
Kartoffelfeuer spenden Duft,
dann wissen's alle, groß und klein:
Der Herbst zieht wieder bei uns ein!

Schulfreunde

SCHULFREUNDE

Alter
ab 5 Jahre
Material
Tonpapier in
verschiedenen Farben
Bleistift
Pauspapier
Filzstifte
Schere
Klebstoff
Bonbons

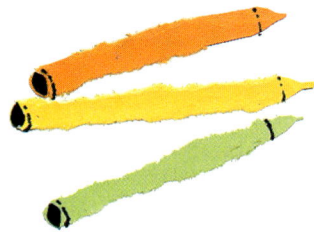

Der erste Schultag – egal, ob es sich dabei um den allerersten oder einen in den nachfolgenden Jahren handelt – ist immer ein aufregendes Ereignis! Dieses Mitbringsel für die Schulfreunde wird Ihren Kindern sicher helfen, sich rasch in der neuen oder wieder in der alten Klassengemeinschaft zurechtzufinden.

1. Zuerst übertragen wir alle Teile vom Vorlagebogen auf das Tonpapier und schneiden sie aus.

2. Nun kleben wir die Hände an die Unterseite der Ärmel und das Gesicht an die markierte Stelle am Körper. Mit den Filzstiften malen wir Mund und Augen aufs Gesicht.

3. Wir drehen den Körper und die Schultasche zu Tüten und verkleben sie. Dann legen wir die Arme um den Körper und kleben sie an ihm fest.

4. Zum Schluß kleben wir noch Haarkranz und Schultasche an die Figur und stecken unserem kleinen Schulfreund ein Bonbon in den Ranzen.

Knackige Pausenbrote

**KNACKIGE
PAUSENBROTE**

Alter
ab 6 Jahre
Zutaten
**Käse-Brot-Spieße:
4 Scheiben Vollkornbrot
4—5 EL Doppelrahm-
frischkäse
8—12 Würfel Edamer
oder Gouda
einige Salatgurken-
würfel
4—6 Radieschen in
dicke Scheiben**
Material
einige Holzspieße

**Käsekernbeißer:
4 Mehrkornbrötchen
3—4 TL Butter
4 Scheiben milder
Butterkäse
8—12 Radieschen in
Scheiben
2—3 Schnittlauch-
röllchen**
Dauer
15 Minuten

**Diese Frühstücksbrote bringen
Abwechslung in das Schulfrüh-
stück der Kinder. Sie sind gesund,
leicht zuzubereiten und sehen
auch noch hübsch aus. Die Spieße
eignen sich übrigens auch gut als
Partyhäppchen.**

Käse-Brot-Spieße
1. Wir bestreichen die Brote mit Frischkäse und klappen je zwei Scheiben
zusammen. Das Ganze schneiden wir
dann in etwa 3 x 3 cm große Quadrate.

2. Die Brot-, Käse- und Gurkenwürfel
und die Radieschenscheiben stecken
wir jetzt abwechselnd auf Holzspieße.

Käsekernbeißer
1. Wir schneiden die Brötchen auf und
bestreichen alle Hälften dünn mit Butter. Die unteren Hälften belegen wir mit
je einer Käsescheibe.

2. Radieschenscheiben und Schnittlauch-
röllchen verteilen wir auf dem Käse.
Zum Schluß klappen wir die Brötchen-
hälften wieder zusammen.

Kürbislaterne

KÜRBISLATERNE

Alter
ab 6 Jahre (mit Hilfe
eines Erwachsenen)
Material
1 großer Kürbis
Messer
Löffel
Teelichter

Zierkürbislaterne:
1 kleiner Zierkürbis
Draht
Messer oder Apfel-
stecher
Löffel
Teelichter
Klebstoff

Diese großen leuchtenden Kürbis-gesichter kennen Sie vielleicht aus den USA. Dort schmücken sie zum Halloween-Fest überall die Vorgärten zur Abschreckung böser Geister. Mit Teelichtern beleuchtet, sind sie auch bei uns eine wunderschöne Dekoration.

1. Mit einem Messer schneiden wir den oberen Teil des Kürbisses auf. Am besten lassen wir uns hierbei helfen.

2. Nun höhlen wir den Kürbis aus, das heißt, wir entfernen, am besten mit einem Löffel, das Fruchtfleisch und die Kerne. Die Innereien bewahren wir auf, wir können sie später weiterverwenden (s. Kürbissuppe Seite 115).

3. Mit einem Messer schneiden wir dem Kürbis nun ein Gesicht oder ein Muster ein.

4. Zum Schluß stellen wir viele Teelichter in den Kürbis.

Zierkürbislaterne

1. Genauso wie bei der großen Kürbislaterne schneiden wir auch hier den oberen Teil der Frucht ab und löffeln das Innere aus.

2. Mit einem Messer (gut eignet sich auch ein Apfelkernstecher) schneiden wir Muster in den Kürbis.

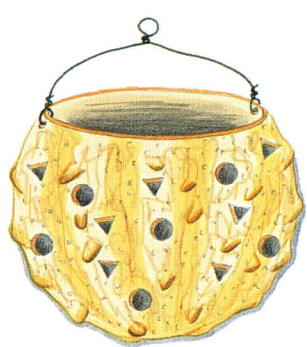

3. Am oberen Rand bohren wir zwei Löcher hinein und befestigen darin ein Drahtstück, so daß die Kürbislaterne auch an einen Laternenstock gehängt werden kann.

4. Das Teelicht wird mit Wachs oder Klebstoff befestigt, damit es nicht umfällt.

Kürbissuppe

KÜRBISSUPPE

Alter
ab 4 Jahre (mit Hilfe
eines Erwachsenen)
Zutaten für 4 Personen
2 kleine Stangen Lauch
60 g Butter
500 g Kürbisfleisch
300 g mehlige
Kartoffeln
¼ l Milch
¼ l Wasser
Salz
Pfeffer
1 Tasse Crème fraîche
Geräte
1 Topf
Schneebesen oder
Handmixer

Das vom Basteln der Kürbislaternen übriggebliebene Kürbisfleisch können Sie für eine leckere Kürbissuppe verwenden, die schnell zubereitet ist.

1. Wir schneiden den geputzten, gewaschenen Lauch in kleine Ringe und dünsten ihn mit der Butter in einem Topf glasig.

2. Anschließend geben wir das Kürbisfleisch und die geschälten Kartoffeln kleingeschnitten dazu.

3. Wir füllen nun mit Milch und Wasser auf, schmecken mit Salz und Pfeffer ab und lassen alles bei mittlerer Hitze 30 Minuten kochen.

4. Danach pürieren wir die Suppe mit einem Schneebesen oder dem Handmixer und unterziehen das Ganze mit der Crème fraîche. Jetzt können wir die Suppe servieren.

Spinnenspaß-Spaßspinnen

**SPINNENSPASS-
SPASSSPINNEN**

Alter
4 Jahre
Material
**Bierdeckel oder
brauner Tonkarton
braune und rote
Tonpapierreste
Plakafarbe, braun
Pinsel
Bleistift
Pauspapier
Klebstoff
Schere
brauner Nähfaden**

**Nehmen Sie das gemeinsame
Beobachten von „Altweibersom-
mern" im Frühherbst zum Anlaß,
mit Ihren Kindern über Schönheit,
Geschicklichkeit und Nützlichkeit
von Spinnen zu sprechen. Fundier-
tes Wissen nimmt den Kindern die
Angst vor diesen Tieren. Weil sie
aber wissen, daß es eine Menge
Leute gibt, die sich vor Spinnen
fürchten, haben Kinder viel Spaß
daran, andere mit diesen Karton-
spinnen zu erschrecken.**

1. Wir bestreichen eine Bierdeckelseite
mit Klebstoff und drücken sie fest auf
braunes Tonpapier. Ist der Kleber
getrocknet, schneiden wir das Papier
entlang des Bierdeckelrandes ab.

2. Nun wiederholen wir diesen Vorgang
mit der anderen Seite des Bierdeckels.
Haben wir kein braunes Tonpapier zur
Hand, bemalen wir den Bierdeckel auf
beiden Seiten mit brauner Plakafarbe.

3. Nachdem wir die Umrisse der Spinne vom Vorlagebogen auf den Bierdeckel übertragen haben, schneiden
wir sie entlang der Linien aus. Die Kleineren unter uns lassen sich dabei von
einem Erwachsenen helfen. Anstelle
eines bemalten oder beklebten Bierdeckels können wir aber auch einfach
braunen Tonkarton verwenden. Er läßt
sich leichter schneiden.

4. In die Mitte des Spinnenkörpers kleben wir ein Kreuz aus zwei kurzen roten Tonpapierstreifen als Merkmal einer Kreuzspinne.

5. An die „Kopfseite" bohren wir mit der Scherenspitze ein kleines Loch und knüpfen einen langen Faden daran.

6. Zum Schluß knicken wir die acht Spinnenbeine nach unten. Wollen wir jemandem einen Streich spielen und ihn gehörig erschrecken, lassen wir ihm die Spinne an ihrem Faden von oben vors Gesicht baumeln! Wenn wir sie unbemerkt mit einem Ruck von einer Stelle, auf der sie ruhig saß, wegziehen, wird unser „Opfer" aber genauso erschrecken.

Spinnenspaß

Woll'n wir spielen? – Aber was?
Leute schrecken, das macht Spaß!

Und drum bastelt jedes Kind
eine Spinne sich geschwind.

Setzt sie dann an einen Ort,
zieht mit einem Ruck sie fort,

oder läßt von oben munter
Spinnentier am Faden runter.

Huch! Wie sich die Leut' schrecken,
wenn die Spinne sie entdecken –

kriegen eine Gänsehaut,
weil es ihnen gar so graut!

Schadenfroh soll'n wir nicht sein –
Spinnenspaß ist trotzdem fein!
(Sylvia Horak)

Aquariumbild

AQUARIUMBILD

Alter
ab 4 Jahre
Material
1 Bogen Papier
Wasserfarbe in Blau
Pinsel
getrocknete und
gepreßte Blätter
Klebstoff
kleine Körner oder
getrocknete Beeren
Filzstifte

Der Wald im Herbst bietet uns eine Fülle von Materialien, die sehr gut zum Basteln geeignet sind: Blätter und diverse Früchte wie Kastanien, Eicheln oder auch Bucheckern. Sammeln Sie doch während eines Herbstspazierganges diese Früchte und möglichst viele bunte Blätter; gepreßt und getrocknet lassen sie sich sehr gut zu herbstlichen Dekorationen verarbeiten.

1. Um das Aquariumbild herstellen zu können, müssen wir zunächst die gesammelten Blätter pressen. Das geschieht am einfachsten mit der Blumenpresse. Ist keine vorhanden, legen wir die Blätter zwischen Lösch- oder Zeitungspapier, und anschließend zwischen zwei Holz-brettchen, die wir mit Schraubzwingen zusammenpressen. Jetzt müssen wir zwei Tage Geduld haben, damit die Blätter schön glatt und trocken werden.

2. Wir malen einen Bogen Papier mit Wasserfarbe blau an. Wenn das Papier trocken ist, legen wir die verschiedenen Blätter zu Fischen und kleben sie auf. Für die Augen können wir die Körner verwenden, oder wir malen sie einfach mit dem Filzstift auf.

Schaukasten

Die Materialien zur Herstellung des Schaukastens sind hier zwar vorgegeben, die Kinder können ihn aber auch nach eigener Phantasie gestalten. Zeigen Sie den Kindern, wie sie oben mit einer Taschenlampe in den Schaukasten hineinleuchten und schummrige Lichteffekte erzielen können.

1. In den Schuhkarton schneiden wir in eine Schmalseite und in den Deckel Fenster. Dabei lassen wir uns am besten von einem Erwachsenen helfen.

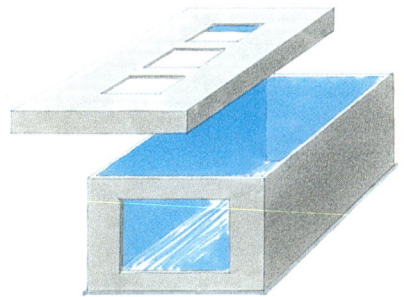

2. Wir malen den Karton innen (auch die Innenseite vom Deckel) mit Wasserfarbe blau an.

3. Die Gräser stecken wir in kleine Stückchen Knetgummi oder in vorher blau angemaltes Styropor. So

erhalten wir eine Unterwasserlandschaft. Steinchen und Muscheln fixieren wir mit Klebstoff auf dem Boden des Kartons. In einen Streifen Wellpappe stecken wir Gräser und kleben ihn an eine Innenseite des Kartons.

4. Nun stellen wir die Fische, wie beim Aquariumbild beschrieben, her. Für die Fischkörper verwenden wir aber zwei etwa gleichgroße Blätter, damit wir die Flossen und einen Faden zum Aufhängen dazwischenkleben können.

5. Die Fische befestigen wir an der Innenseite des Kartondeckels mit Klebestreifen. Wenn wir den Deckel auf den Karton legen, sollten die Fische frei hängen.

SCHAUKASTEN

Alter
ab 5 Jahre (mit Hilfe eines Erwachsenen)
Material
1 Schuhkarton
Knetgummireste oder Styroporstückchen
verschiedene Gräser
kleine Steine
Ästchen
eventuell einige Muscheln
gepreßte und getrocknete Blätter
1 Stück dunkelblaue Folie
Rest Wellpappe
Klebestreifen
Klebstoff
1 Taschenlampe

Der tanzende Hund

Alter
ab 6 Jahre
Material
1 Rolle Toilettenpapier,
weich
kleiner Eimer
$^1/_2$ l warmes Wasser
$^1/_8$ l angerührter
Tapetenkleister
dicke Schnur
Abtropfgitter
3 Vierkantstäbe,
1 x 1 cm
(1 Stab 30 cm lang;
2 Stäbe 15 cm lang)
Holzleim
fester, dünner Faden
Plakafarben
Pinsel
Tonpapierreste
weißes Seidenpapier
Klebstoff

Das Spiel mit einer Marionette fördert die Geschicklichkeit, Phantasie und Ausdauer Ihres Kindes. Nach der hier gezeigten Methode können Kinder beinahe ohne Hilfe eines Erwachsenen die tollsten Phantasietiere herstellen und tanzen lassen. Das nebenstehende Gedicht kann je nach Tierart entsprechend abgewandelt werden.

1. Wir tauchen alle Blätter einer Toilettenpapierrolle in warmes Wasser und drücken sie danach fest aus. Diesen Papierpack verkneten wir nun mit dem Kleister, bis eine geschmeidige, glatte Masse daraus entstanden ist – das Papiermaché.

2. Die Schnur schneiden wir in folgenden Längen zu: für den Hundekörper 1 x 36 cm, für die Beine 2 x 17 cm und für den Schwanz 5 x 16 cm. Wir verbinden die einzelnen Schnurteile mit Knoten so, wie wir es auf der Zeichnung sehen.

3. Um dieses Körpergerüst aus Schnur kneten wir nun das Papiermaché und formen daraus Kopf, Körper und Füße des Hundes.

4. Auf einem Abtropfgitter lassen wir die Figur dann einige Tage an einem warmen Ort gut durchtrocknen.

vier Pfoten und die anderen Fadenenden an die Marionettenführung. Die Fadenlänge passen wir dabei dem jeweiligen Körperteil an, das heißt, die Fäden für Kopf und Schwanz müssen kürzer sein als die für die Pfoten.

Wir hören nun das folgende Gedicht und versuchen, unseren Marionettenhund all das tun zu lassen, was im Gedicht gesagt wird!

5. In der Zwischenzeit leimen wir die drei Holzstäbe wie abgebildet zu einer Marionettenführung zusammen.

Eins und zwei, so geht der Hund.
Seht, sein Bäuchlein ist so rund,

seine Beine sind so schwer –
breitbeinig tappt er daher!

6. Haben wir unser Hündchen dann bemalt, kleben wir ihm Augen, Ohren und Zunge aus Tonpapier auf. Die Augäpfel entstehen aus Seidenpapierkugeln, die Pupillen malen wir auf. Dann erwecken wir es mit Hilfe von Fäden zum Leben. Dazu knoten wir die Fäden an die Schnur neben Kopf, Po und den

Setzt sich nieder und steht auf,
läuft dann schnell im Dauerlauf.

Bleibt auch stehen hin und wieder,
und legt müde sich dann nieder!
(Sylvia Horak)

Blätterdruck

BLÄTTERDRUCK

Alter
ab 5 Jahre
Material
Blätter (Laub)
1 Korken oder 1 halbierte Kartoffel
Klebestift
Schere
Pinsel
Farbe
Papier oder dünner Karton

Blätter im Herbst bieten mit ihren vielen verschiedenen Farben und Formen eine Menge Möglichkeiten zum Basteln. Bringen Sie doch mal einen Korken oder eine Kartoffel mit ins Spiel. Damit lassen sich Blattstempel herstellen, die reizvolle Muster ergeben.

2. Mit dem Pinsel nehmen wir Farbe auf und bestreichen den Stempel damit nicht zu naß.

3. Nun können wir Bilder drucken und Karten, Geschenkpapier oder Lesezeichen herstellen. Ob wir einfarbig oder bunt drucken, ist Geschmackssache. Zwischendurch ziehen wir das Stempelblatt ab und kleben ein frisches auf.

1. Wir können einen Korken oder eine kleine, halbierte Kartoffel verwenden. Die Schnittfläche streichen wir mit Klebestift ein, drücken ein Blatt mit ausgeprägten Adern an und schneiden den überstehenden Rand des Blattes ab.

Blätterkarten

Herbstliche Grüße aus dem Kinderzimmer – hier werden Blätter in Grußkarten verwandelt, die sich für jeden Anlaß eignen.

1. Wir sammeln unterschiedlich gefärbte große Blätter, legen sie einzeln zwischen Zeitungen und beschweren sie, bis sie glatt und ganz getrocknet sind.

2. Dann übertragen wir das Quadrat oder das Dreieck von der Vorlage auf Seite 211 auf einen Rest Karton und schneiden es exakt aus.

3. Wir suchen uns zwei verschiedenfarbige Blätter aus, legen die Schablone darauf und ziehen mit dem Filzstift eine Linie darum.

4. Die Quadrate oder Dreiecke auf den Blättern schneiden wir vorsichtig mit der Schere aus und verteilen sie erst einmal lose, bis uns das Muster gefällt. Dann bestreichen wir einen dünnen Karton in Postkartengröße ganzflächig mit einem

Klebestift, legen die Blätter Kante an Kante darauf und drücken sie fest.

5. Wenn die beklebte Fläche groß genug ist, ziehen wir mit Lineal und Filzstift eine Linie darum, die knapp auf dem äußeren Rand der Blattfläche liegt und schneiden sie nach.

6. Entweder lassen wir die Karte so wie sie ist, oder wir kleben sie auf eine etwas größere weiße Klappkarte auf.

Tip: Wenn wir die Blätter auf dunkelbraunen, dünnen Karton kleben, blitzen keine weißen Stellen durch, falls wir nicht ganz exakt geschnitten haben oder kleine Löcher in den Blättern sind.

BLÄTTERKARTEN

Alter
ab 6 Jahre
Material
große Herbstblätter in möglichst unterschiedlichen Farben
Zeitungen
Rest Karton
Pauspapier
Bleistift
dünner Filzstift
Schere
Klebestift
dünner Karton
Lineal

Erntedankmobile

ERNTEDANKMOBILE

Alter
ab 5 Jahre
Material
Tonkarton
Bleistift
Pauspapier
Schere
Packpapier
Klebstoff
Tonpapier in verschiede-
nen Farben
dünner Bindfaden

Spätsommer und Frühherbst sind in unseren Breiten die Haupternte-zeiten, und das gibt für Sie und Ihre Kinder jede Menge interessanten Gesprächsstoff. Beim Besuch eines Marktes kaufen die Kinder Obst und Gemüse, und zu Hause erleben sie dann, welche verschiedenen Gerichte sie mit Ihrer Hilfe daraus machen können.

1. Wir übertragen die Umrisse des Sackes vom Vorlagebogen auf den Ton-karton und schneiden die Form zwei-mal aus. Nun kleben wir die Kartonfor-men auf das Packpapier und schneiden sie nochmals aus.

2. Haben wir entschieden, ob wir ein Obst- oder ein Gemüsemobile basteln wollen, übertragen wir die entspre-chenden Sorten jeweils zweimal auf Tonpapier und schneiden sie aus.

3. Nun nehmen wir einen 1 m langen Bindfaden und kleben ihn gespannt von oben nach unten zwischen die bei-den Sackteile, dabei soll er unten noch etwa 20 cm überstehen, oben etwa 40 cm.

4. Die beiden gleichen Teile jeder Frucht kleben wir nun so zusammen, daß zwischen ihnen der Bindfaden ein-geklemmt ist.

5. Nach dem Trocknen befestigen wir unser Mobile an einem von der Decke baumelnden Ast. So kann es frei hän-gen und sich drehen, die Früchte dre-hen sich ebenfalls einzeln.

Das Apfelbaumspiel

DAS APFELBAUMSPIEL

Alter
ab 4 Jahre
Teilnehmer
4—20 Kinder
Material
2 m lange, einfarbige
Tapetenbahn
Plakafarben, braun und
grün
breite Pinsel
Bleistift
Pauspapier
Kartonscheibe,
Ø 20 cm
Wasserfarben
Pinsel
20 Äpfel
2 Körbchen

Dieses Herbstspiel können Sie genausogut mit anderen Baumfrüchten spielen. Dazu verändern Sie einfach das Symbol auf dem Spielkreisel, und dann heißt es eben nicht Apfel-, sondern Birn-, Zwetschgen- oder Nußbaumspiel.

1. Gemeinsam malen wir mit breiten Plakafarben und Pinseln einen großen Baum mit vielen Ästen und saftiggrünen Blättern auf die Tapetenbahn. Das ist unser Spielplan.

2. Auf die Kartonscheibe übertragen wir die Linien und den Apfel vom Vorlagebogen und malen die Scheibe mit Wasserfarben bunt. Wenn wir nun einen Bleistift durch die Mitte der Scheibe stecken, erhalten wir einen Apfelkreisel.

Spielregeln

Zuerst bilden wir zwei Gruppen und verteilen alle Äpfel auf den Ästen unseres Baumes. Jede Gruppe bekommt ein Obstkörbchen. Abwechselnd dreht nun mal ein Kind aus der einen, dann eines aus der anderen Gruppe den großen Apfelkreisel mit beiden Händen. Bleibt der Kreisel mit dem Apfelsymbol nach unten liegen, darf dieses Kind einen Apfel vom Baum pflücken und in den Korb seiner Gruppe legen. Das Spiel ist dann zu Ende, wenn der Apfelbaum leergepflückt ist. Welche Gruppe hat nun mehr Äpfel in ihrem Korb?

Blätterdekorationen

**BLÄTTER-
DEKORATIONEN**

Alter
ab 4 Jahre (mit Hilfe
eines Erwachsenen)
Material
Nußblätter:
getrocknete und
gepreßte Blätter
halbe Walnußschalen
Klebstoff
Nähfaden

Wachsblätter:
getrocknete und
gepreßte Blätter mit
Stiel
Kerzenreste
Faden zum Aufhängen
alter Topf
alter Holzlöffel

Einen verregneten Herbsttag können Sie dazu nutzen, gemeinsam mit den Kindern das Zimmer mit gesammelten Herbstblättern und -früchten zu schmücken. Dazu finden Sie auf diesen beiden Seiten einige Anregungen.
Die Wachsblätter sollten die Kinder auf jeden Fall nur unter Ihrer Aufsicht herstellen. Bereiten Sie auch die Kastanien für die Blättergirlanden vor, indem Sie mit einem Handbohrer Löcher hineinbohren.

Nußblätter

Für diesen Zimmerschmuck suchen wir besonders schöne Blätter mit Stiel aus. Wir bestreichen die Walnußhälften dünn mit Klebstoff und fixieren sie beidseitig auf den Blättern. Wenn die Nußhälften angetrocknet sind, versehen wir die Blattstiele mit einem Faden, und schon sind sie fertig zum Aufhängen.

Wachsblätter

1. Zunächst bereiten wir unseren Arbeitsplatz vor: Wir decken die Arbeitsfläche mit Folie ab und legen das Material bereit. Die Kerzenreste erhitzen wir im Topf. Falls noch Dochtreste vorhanden sind, entfernen wir sie. Das Wachs soll zwar gut flüssig, jedoch nicht zu heiß sein.

2. Wir nehmen den Topf vom Herd, fassen ein Blatt am Stiel an und tauchen es ganz kurz in das flüssige Wachs. Wir warten einige Sekunden, bis das Wachs abgetropft und etwas angetrocknet ist und wiederholen den Vorgang einige Male, bis uns die Wachsschicht dick genug ist. Auf der Folie lassen wir die Wachsblätter fest werden.

Blätterkranz

1. Wir schneiden zunächst einen Kreis aus Fotokarton aus. Je nachdem, wie groß der Blätterkranz werden soll, wählen wir einen Durchmesser von 10 bis 15 cm und eine Breite von 2 cm.

2. Wir legen alle Blätter und Gräser bereit, damit wir einen Überblick bekommen, welche sich am besten eignen, und ordnen sie dann auf dem Kreis an. Wir legen die Blätter so auf, daß sie wie Schuppen halb übereinanderliegen.

3. Wenn uns das Arrangement gefällt, kleben wir die Blätter auf.

Blättergirlanden

Wir überlegen, wie lang die Girlande werden soll, und schneiden in entsprechender Länge einen Faden ab. Zum Auffädeln verwenden wir eine Stopfnadel und ziehen jetzt abwechselnd eine Kastanie und ein Blatt auf den Faden. Wir können die Girlande von der Decke hängen lassen oder das Fenster damit schmücken.

Steckenpferdchen

СKENPFERDCHEN

Alter
ab 4 Jahre
Material
alte Zeitungen
Kreppapier
Schere
Klammerhefter (Tacker)
Holzstäbe:
für Mobile-Pferde:
Ø 8 mm, Länge 26 cm
für „große" Pferde:
Besenstiele
Klebstoff
schwarze Tonpapier-
reste
dicke Wolle
Nadel
Faden
evtl. Aufhängefaden

Das Spiel mit Steckenpferden ist uralt und war einst unter Kindern ungemein populär. In unserer Zeit, da es in den Straßen der Städte kaum noch Roß und Wagen zu sehen gibt, ist es leider beinahe ganz aus dem Bereich des Kinderspiels verbannt worden. Unsere Steckenpferdchen können Kinder mit etwas Hilfe schnell und einfach herstellen und dann, entsprechend der gewählten Größe, als Mobile-Objekt, Fensterschmuck, Geschenkanhänger oder „echtes Reitpferd" verwenden.

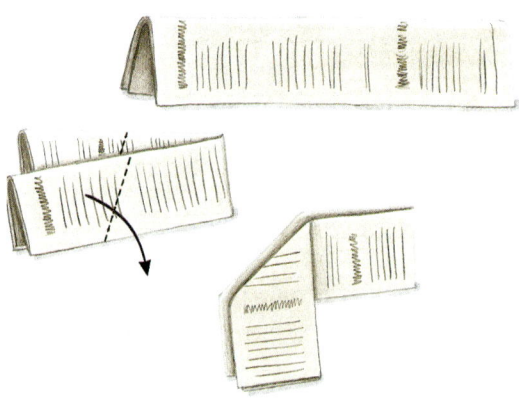

1. Zuerst entscheiden wir, wie groß unser Steckenpferd werden soll. Für eines, auf dem wir reiten wollen, brauchen wir eine ganze ausgeklappte Zeitung im größten Format, das wir kriegen können, und einen Besenstiel. Für das hier beschriebene Mobile-Steckenpferd falten wir einen Zeitungsbogen wie auf der Zeichnung zu sehen und verwenden einen der dünnen Holzstäbe. In beiden Fällen gehen wir jedoch nach den folgenden Anleitungsschritten vor.

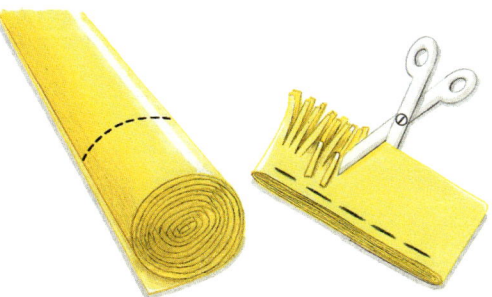

2. Von der Rolle Kreppapier, die wir zusammengerollt lassen, schneiden wir einen 4 cm breiten Streifen ab, heften ihn an der einen Kante mit dem Klammerhefter zusammen und schneiden Fransen als Mähnenhaare ein.

3. Einen 1 cm breiten Streifen, den wir ebenfalls von der Kreppapierrolle abgeschnitten haben, winden wir nun um den Holzstab und befestigen ihn an beiden Stabenden mit Klebstoff.

4. Nun kleben wir in einem Arbeitsgang die „Mähne" und den Stab zwischen den Zeitungspapierkopf. Die seitlich überstehenden Mähnenhaare schneiden wir ab.

5. Zum Schluß kleben wir auf beide Seiten des Kopfes je ein Auge aus Tonpapier und nähen als „Zügel" einen dicken Wollfaden oder eine Kordel an.

Das Steckenpferdlied

Text: S. Horak
Melodie: E. Putz

1. Möch-tet ihr nicht auch ein-mal rei-ten um die Wet-te?

Ach, ihr meint das gin-ge nur, wenn man Pfer-de hät-te?

2. Reiterpferde stark und groß
muß man aber kaufen,
und weil das zu teuer ist,
müßt zu Fuß ihr laufen?

3. Ha! Ich weiß, was wir da tun:
basteln Steckenpferde!
Jeder macht sein eignes Tier,
s' wird 'ne ganze Herde.

4. So, jetzt sitzen alle auf,
steigen in die Bügel.
Seid ihr fertig? Gleich geht's los –
haltet fest die Zügel! – Hühott!!!

Allerlei aus Tannenzapfen

**ALLERLEI AUS
TANNENZAPFEN**

Alter
ab 5 Jahre
Material
Stabpuppen:
Tannenzapfen
Erlenzapfen
Federn
kleine Eichelhütchen
Ästchen
Kiefernnadeln
Bucheckernhüllen
Körner
Filzreste
Tonpapierreste
Holzleisten, Länge
20 cm, Breite 1 cm,
Dicke 4 mm
oder gerade
gewachsene Ästchen
Holzleim
Säge

Igel und Tannenbaum:
Fotokarton in Grün und
Braun
Tannenzapfen
Transparentpapier
Bleistift
Schere
Faden

Tannenzapfen regen nicht nur die Sammellust der Kinder an, sie können beim Basteln mit diesem haltbaren Naturmaterial auch ihrer Phantasie freien Lauf lassen. Es ist deshalb ratsam, einen kleinen Vorrat anzulegen, damit sie für die verschiedenen Figuren die richtige Größe heraussuchen können.

Stabpuppen

1. Für die Stabpuppen benötigen wir nur die breiten runden Teile der Tannenzapfen. Wir lassen sie uns am besten von einem Erwachsenen durchsägen.

2. Die Gesichter unserer Stabpuppen können wir wie auf der Abbildung zu sehen gestalten oder nach eigener Phantasie herstellen.

3. Unten am Kopf wird ein kleines Stück Ast als Hals mit Holzleim fixiert und in den zweiten Zapfen gesteckt. Auch der Stab zum Festhalten wird eingesteckt und angeklebt und schon sind die Figuren fertig für ein Puppenspiel! Wir können die lustigen Gesellen aber auch als Schmuck für den Blumentopf verwenden.

Igel und Tannenbaum

1. Von der Vorlage auf Seite 218 pausen wir die Muster auf einfache Pappe ab, schneiden sie aus und erhalten so die Schablonen.

2. Wir übertragen sie auf braunen Karton für den Igel und auf grünen Karton für den Tannenbaum.

3. Nun schneiden wir die beiden Motive aus. Für die Innenteile benutzen wir am besten eine kleine spitze Schere.

4. Nun setzen wir passende Tannenzapfen ein und fixieren sie wenn nötig mit etwas Klebstoff. Die Fäden zum Aufhängen sollten farblich auf das Motiv abgestimmt sein. Geeignet dazu ist braunes oder grünes Perlgarn.

Kim-Spiele

Herbstfrüchte und andere Funde aus der Natur sind auch ein schönes Spielmaterial zur Förderung des Tastsinnes und der Wahrnehmungsfähigkeit. Nebenbei erwerben die Kinder einen größeren Wortschatz.
Bereiten Sie für das folgende Spiel, wie in der Materialliste beschrieben, 2 Beutel mit jeweils gleichem Inhalt vor.

Pärchen gesucht

Ein Kind greift aus einem Beutel einen der Gegenstände, und versucht aus dem zweiten Beutel den gleichen Gegenstand herauszufinden. Sieger ist, wer die meisten Früchte wiedererkannt hat.

Was fehlt?

Mit den gleichen Fruchtpaaren können wir das nächste Spiel machen. Statt 2 Beutel nehmen wir aber 2 Deckchen und verwenden sechs oder sieben Fruchtpaare. Diese verteilen wir so auf die Decken, daß auf beiden die gleichen Früchte liegen. Wir sehen uns vorher alles genau an. Jetzt dreht sich ein Kind um, und ein anderes entfernt von einem der Deckchen einen oder mehrere Gegenstände. Die restlichen Früchte werden in ihrer Anordnung verändert. Nun dreht sich das erste Kind um und muß durch Vergleichen herausfinden, was fehlt.

KIM-SPIELE

Alter
ab 4 Jahre
Teilnehmer
2 bis 10
Material
2 Stoffbeutel
von verschiedenen
Herbstfrüchten jeweils
2 Stück, zum Beispiel:
2 große Tannenzapfen
2 kleine Tannenzapfen
2 Lärchenzapfen
2 Fichtenzapfen
2 Kastanien
2 Walnüsse
2 Eicheln
2 Eichelhütchen
2 Haselnüsse
2 Bucheckernhüllen
2 Stückchen Baumrinde

Zitterbild

ZITTERBILD

Alter
ab 6 Jahre
Material
Tonpapier in verschiedenen Farben
Bleistift
Pauspapier
Zackenschere
grauer Tonkarton,
50 x 35 cm
Klebstoff

Erklären Sie doch einmal an einem kalten Spätherbsttag „Zittern" zum Hauptgesprächsthema! Beratschlagen Sie gemeinsam, wer oder was wann zittert und warum dies so ist, und lassen Sie die Kinder nach Beispielen suchen. Machen Sie mit ihnen passende, einfache Experimente, oder lassen Sie sie Situationen, in denen gezittert wird, nachspielen! Sie alle werden staunen, wie ergiebig, lehrreich und auch lustig dieses Thema sein kann.

Manchmal zittern wir, weil wir uns vor etwas fürchten, manchmal, weil wir vor Hunger schon ganz schwach sind, und manchmal, weil uns schrecklich kalt ist. Dann gelingt es uns auch nicht, schön zu schreiben oder zu zeichnen – alles sieht zittrig verwackelt aus, und auf unserem Bild gibt es keine geraden Linien mehr.

Damit unser Bild ein richtiges „Zitterbild" wird, dürfen die Kanten der Collagenteile nicht schön gerade sein. Deshalb benutzen wir eine Zackenschere. Zuerst übertragen wir alle Teile vom Vorlagebogen auf das Tonpapier. Dann schneiden wir sie mit der Zackenschere aus und kleben sie auf dem Tonkarton zu einem Bild zusammen.

Herbstlicher Zitterpudding

HERBSTLICHER ZITTERPUDDING

Alter
ab 7 Jahre
Zutaten
250 g sehr klein geschnittene Herbstfrüchte (süßer Apfel, Trauben, Zwetschgen, Birne)
$1/2$ l Wasser
120 g Zucker
etwas Zitronenschale
6 Blätter farblose Gelatine
Für die Sahne:
$1/8$ l süße Sahne
1 TL Staubzucker
1 TL Vanillezucker
Geräte
Obstmesser
Kasserolle mit Deckel
2 Schalen
Schaumlöffel
Schneebesen
4 Puddingförmchen
Mixer
Rührschüssel

1. Zuerst bringen wir das Wasser mit dem Zucker und der Zitronenschale zum Kochen.

2. Ins kochende Wasser legen wir die kleingeschnittenen Herbstfrüchte und lassen sie zugedeckt etwa 5 Minuten garen.

3. Inzwischen weichen wir die Gelatine in einer Schale mit kaltem Wasser 10 Minuten lang ein und drücken sie dann mit den Händen aus.

4. Nun heben wir die Früchte mit einem Schaumlöffel aus dem Fruchtsaft und stellen sie in einer Schale kalt. Die Zitronenschale entfernen wir.

5. Als nächstes geben wir die aufgeweichte Gelatine in den heißen Fruchtsaft und rühren mit dem Schneebesen so lange, bis sie sich aufgelöst hat. Den Saft lassen wir etwas abkühlen und

stellen ihn dann so lange in den Kühlschrank, bis sich ein etwa 5 cm breiter Geleerand gebildet hat.

6. Jetzt heben wir die Herbstfrüchte unter, füllen das halbflüssige Fruchtgelee in kalt ausgespülte Förmchen und lassen es im Kühlschrank erstarren.

7. Vor dem Servieren schlagen wir die Sahne mit dem Zucker und dem Vanillezucker mit dem Mixer steif, stürzen den herbstlichen Zitterpudding aus den Förmchen und garnieren ihn hübsch mit der steifgeschlagenen Sahne.

Tannenzapfentiere

Kinder basteln Tiere immer wieder gern. Für diesen kleinen Zoo benötigen Sie außer Tannenzapfen noch etwas Zubehör. Deshalb wäre es ganz günstig, wenn Sie zusammen mit den Kindern viele Früchte im Wald gesammelt haben, damit sie dann später beim Basteln nach Herzenslust variieren können. Für die Schildkröte sägen Sie bitte vorher den spitzen Teil eines Tannenzapfens ab.

Vögel

1. Auf den Stielansatz eines Tannenzapfens kleben wir eine Buchecker oder dessen Hülle (Keimblätter) als Schnabel.

2. Für den Schwanz verwenden wir kleine Federn oder schmale gepreßte Blätter. Dazu träufeln wir einige Tropfen Holzleim in den Tannenzapfen und stecken die Federn oder Blätter hinein.

3. Wir können die Augen mit dem Filzstift aufmalen oder mit dem Papierlocher aus Filz ausstanzen und aufkleben. Für die Füße können nen wir zwei Eichelhütchen verwenden.

Schildkröte

An den stumpfen Teil eines Tannenzapfens kleben wir eine Eichel als Kopf und eine große Schuppe eines Tannenzapfens als Schwanz an. Die Augen malen wir mit Filzstift auf.

2. Den Mund schneiden wir aus Tonpapier aus. Diesen und die beiden Knopfaugen kleben wir an den Tannenzapfen.

3. Für die Fühler stecken wir zwei kleine Ästchen oben in den Tannenzapfen und fixieren sie mit etwas Leim.

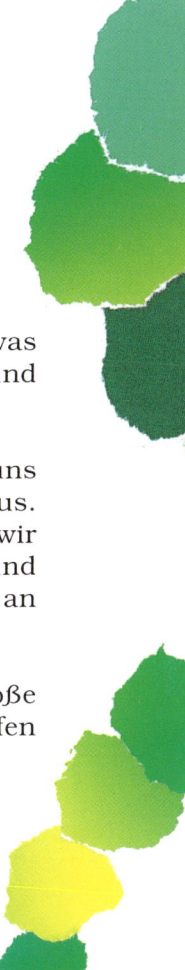

Ente

1. Wir suchen einen größeren Tannenzapfen für den Bauch aus und einen kleineren für den Kopf und kleben sie so aufeinander, daß der Stielansatz als Schnabel benutzt werden kann.

2. Für die Augen wählen wir Perlen oder Körner aus und kleben sie ebenfalls mit wenig Leim auf.

3. Den Schnabel schneiden wir aus Tonpapier und kleben ihn vorn auf den Stielansatz.

4. Die Füße erhält die Ente, indem wir eine Eichel in zwei Hälften schneiden (das macht besser ein Erwachsener) und unten an den Körper kleben.

5. Zum Schluß stecken wir noch eine kleine Feder als Schwanz ein.

Stachelschwein

Das Stachelschwein erfordert etwas Geduld, bis alles angeklebt und getrocknet ist.

1. Für den Körper suchen wir uns einen dicken Tannenzapfen aus. Für das Schnäuzchen schneiden wir von einer Mohnkapsel Stiel und Blütenstand ab und kleben sie an die Spitze des Tannenzapfens.

2. Für die Füße brechen wir 4 große Schuppen von einem Tannenzapfen ab und kleben sie an den Körper.

3. Jetzt tupfen wir mehrere Tropfen Holzleim verteilt in den Tannenzapfen und stecken die Kiefernnadeln hinein. Nun müssen wir noch alles gut trocknen lassen.

Raupe

1. Für das Raupengesicht können wir die stumpfe Seite des Tannenzapfens als Gesicht gestalten.

Flauschgänse

FLAUSCHGÄNSE

Alter
ab 6 Jahre
Material
dickes Löschpapier in
Weiß und Grün (Schreib-
tischunterlage)
Tonpapier
Schere
Klebstoff

Das herbstlich-naßkalte Wetter und die beginnende Schnupfenzeit sind nun des öfteren der Auslöser für Gespräche. Überlegen Sie gemeinsam mit den Kindern, wie sich Mensch und Tier auf den Winter vorbereiten und vor der Kälte schützen können.

Ein dichtes Fell oder eine dicke Fettschicht unter der Haut schützt viele Tiere vor der beißenden Kälte. Wir Menschen ziehen in der kalten Jahreszeit warme Wollsachen an, trinken viel heißen Tee und schlüpfen am Abend ins warme Federbett. Die flauschigen Daunenfedern in unseren Bettdecken aber stammen von Gänsen, und mit Hilfe der Löschpapierreißtechnik können wir diese Weichheit sehr schön darstellen.

1. Für das Gänsebild schneiden wir ein Hintergrundblatt aus Tonpapier in beliebiger Größe zu und überlegen uns, wie viele Gänse wir reißen wollen und wie sie auf dem Bild verteilt sein sollen

2. Den „Boden", auf dem unsere Gänse stehen werden, reißen und kleben wir zuerst. Im gezeigten Bild ist es eine saftige Wiese aus grünem Löschpapier, wir können den Untergrund aber genausogut aus weißem Löschpapier reißen und ihn danach mit Wasserfarben braun oder grau bemalen.

3. Nun reißen wir die Gänsekörper mit ihrem flauschigen Federkleid aus weißem Löschpapier und alle übrigen Teile aus Tonpapierresten.

4. Alle schon gerissenen Teile legen wir nach und nach probeweise zu einem Bild zusammen. Erst wenn wir meinen, nun sei das Gänsebild komplett, kleben wir alle Teile fest.

136

Flaumfedern-Spiel

FLAUMFEDERN-SPIEL

Alter
ab 4 Jahre
Teilnehmer
ab 4
Material
Flaumfeder oder eine
lose gezupfte Watte-
flocke

Nachdem das Basteln des Gänse-Bildes etwas Geduld erforderte, können Sie zur Auflockerung den Kindern dieses lustige Spiel vorschlagen. Sie brauchen dafür nur eine einzige Flaumenfeder!

1. Wir sitzen alle rund um den Tisch, fassen einander bei den Händen und vereinbaren, wer das Startsignal geben wird.

2. Eine Flaumfeder liegt in der Tischmitte. Auf den Befehl: „Los!" versucht jeder von uns, die Feder zu seinem Gegenüber zu blasen, sich selbst aber zu schützen. Dabei dürfen wir die Hände nicht loslassen!

3. Derjenige, an dem die Feder schließlich haften bleibt, scheidet aus oder gibt ein Pfand.

Basteln mit Mondviolen

BASTELN MIT MONDVIOLEN

Alter
ab 6 Jahre
Material
Mondviolenblätter
Klebestift
Pauspapier
Bleistift
Schere
dünner brauner Karton
Transparentpapier
Rest Tonkarton in Gelb
und Schwarz
pro Schmetterling
1 Holzperle, Ø 1 cm
Faden
1 Zweigstück

Die silberglänzenden „Segel" der Mondviole, eine Zierpflanze, die auch Silberling genannt wird, sind beliebte Zutaten für einen Trockenblumenstrauß. Ebensogut eignen sie sich aber zum Basteln. Die reifen und gut getrockneten Fruchtblätter der Mondviole müssen nur von ihren Fruchthäuten und den Samen befreit werden, was ganz leicht zwischen zwei Fingern geht.

Schmetterlingsmobile

1. Wir falten einen Streifen dünnen Karton und übertragen darauf den Schmetterlingskörper von Seite 219, wobei die gestrichelte Linie auf der Falzkante liegt.

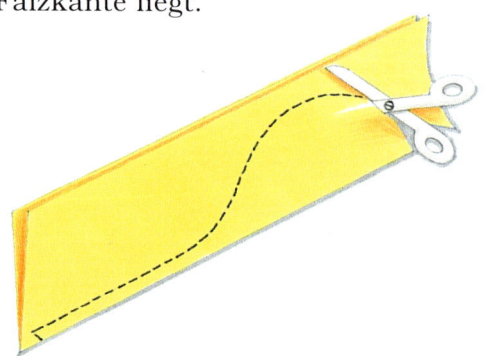

2. Den Körper schneiden wir aus, falten ihn auseinander und trennen den langen Steg in der Falzkante vorsichtig mit der Schere durch. So erhalten wir die Fühler.

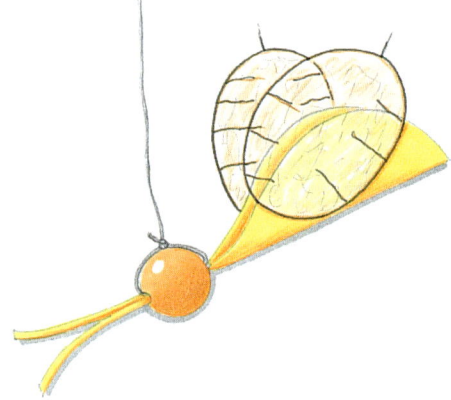

3. Durch das Loch in der Holzperle ziehen wir einen 30–40 cm langen Nähfaden und verknoten ihn an seinem Ende außen herum. Mit dem Knoten nach oben schieben wir die Perle über die beiden Fühler und kleben auf beide Seiten des Körpers je ein Mondviolenblatt.

4. In der Mitte des Zweigstückes befestigen wir einen Faden und hängen es in Arbeitshöhe auf. Daran verteilen wir die Schmetterlinge in unterschiedlicher Höhe.

Fisch

1. Wir pausen die Vorlage des Fisches (Seite 219) auf weißes Papier und legen Transparentpapier darüber. Mit dem Schwanzende beginnend, kleben wir vorher mit der Schere halbierte Mondviolenblätter schuppenförmig aneinander, bis hin zum Kopf. Den Kopf kleben wir aus ganzen Teilen. Wir ziehen die dunklen Ränder vorher teilweise ab, dann laufen nicht so viele Linien durch den Kopf.

2. Nun fehlen noch die Flossen, für die wir 4 längs halbierte Mondviolenblätter ankleben. Für das Auge benötigen wir einen kleinen schwarzen Kreis aus Karton. Das noch überstehende Transparentpapier schneiden wir vorsichtig weg.

Eule

1. Die Vorlage für die Eule (Seite 219) übertragen wir auf braunen Karton und schneiden sie aus. Für das Federkleid benötigen wir quer halbierte Mondviolenblätter. Wir beginnen am unteren Rand der Eule und kleben sie schuppenförmig Reihe für Reihe auf, bis zum Hals.

2. Als Augen kleben wir zwei Mondviolen an, darauf zwei gelbe Kreise aus Karton und darauf die Pupillen aus kleinen schwarzen Kreisen.

3. Den Schnabel pausen wir vom Vorlagebogen ab und übertragen ihn auf gelbes Tonpapier. Wir falten den Schnabel zusammen, kleben eine Seite auf und klappen die andere nach oben. Für die Ohren verwenden wir je ein quer halbiertes Mondviolenblatt und befestigen es auf der Rückseite des Kopfes so, daß sie zur Hälfte hervorschauen.

Serviettenlaterne

SERVIETTENLATERNE

Alter
ab 5 Jahre
Material
2 bedruckte Servietten
Pergamentpapier,
23 x 38 cm
Bleistift
Lineal
Käseschachtel,
Ø 11 cm
Klebstoff
spitze Schere
stärkerer Draht, 30 cm
lang
Holzstab, Ø 7 mm
weiße Kerze, 6 cm hoch
Kerzenhalter für
Laternen

In fast jedem Haushalt finden sich Restbestände bunter Servietten. Meist weiß man dann nicht so recht, was man mit diesen Einzelstücken noch anfangen soll. Macht jedes Ihrer Kinder eine andere Serviettenlaterne, so ergibt dies ein reizvolles Gesamtbild, und Ihre Serviettenreste sind dadurch auch sinnvoll aufgebraucht.

1. Für jede Laterne brauchen wir zwei Servietten. Haben wir mehrschichtige Servietten, verwenden wir nur die oberste bedruckte Lage. Diese vierteln wir, so daß wir acht Quadrate (jedes etwa 16 x 16 cm) erhalten.

2. Nun markieren wir mit Bleistift am oberen und am unteren Längsrand des Pergamentpapiers Abstände von 5 cm.

3. Wir betupfen den Rand eines Serviettenquadrates an seiner Unterseite mit Klebstoff und drücken die Serviette so auf das Pergament, daß zwei ihrer gegenüberliegenden Spitzen auf den Markierungspunkten oben und unten auf dem Pergament liegen.

4. Diesen Arbeitsgang wiederholen wir so lange, bis wir sieben Serviettenquadrate im Abstand der jeweils markierten 5 cm einander überlappend aufgeklebt haben.

5. Danach kleben wir das Pergamentpapier an seiner Unterkante von außen um den Käseschachtelboden. Die entstandene Papierröhre kleben wir da, wo die Papierkanten sich überlappen, zusammen.

6. Vom Käseschachteldeckel schneiden wir nun an der Oberseite eine runde Platte heraus. Dabei sollte noch ein Rand von etwa 0,5 cm übrigbleiben. Dann bohren wir mit einer spitzen Schere in den Deckelrand zwei einander gegenüberliegende Löcher für den Haltedraht ein.

7. Die Mitte des Drahtes wickeln wir zuerst einige Male fest um ein Ende des Holzstabes, danach stecken wir die beiden Drahtenden von außen durch die Löcher im Deckel und biegen sie innen fest nach oben.

8. Zum Schluß kleben wir diesen Käseschachteldeckel auf die Oberkante unserer Adventslaterne und befestigen den Kerzenhalter mit Kerze am Laternenboden.

Adventslaternen

Die einen bevorzugen in der Weihnachtszeit bäuerliche, die anderen glänzende oder moderne Dekoration. Haben Sie eine Vorliebe für ersteres, wird Ihnen die Apfellaterne sicher gefallen. Die Himmelslaterne dagegen paßt sehr gut zu schlichtem Adventsschmuck der zweiten Art.

1. Zuerst übertragen wir die Motive für die Sternen- oder Apfellaterne vom Vorlagebogen auf den blauen oder braunen Tonkarton. Dabei kopieren wir die Einzelmotive jeweils viermal nebeneinander, denn dies entspricht dem Laternenumfang. Danach schneiden wir sie an den Umrißlinien aus.

2. Basteln wir die Apfellaterne, so hinterkleben wir nun die Äpfel mit rotem, die Nüsse mit braunem und die Blätter mit grünem Transparentpapier und schneiden überstehende Reste ab.

3. Als nächstes kleben wir das Pergamentpapier an seiner Unterkante rund um den Käseschachtelboden fest und

verkleben dann die entstandene Röhre dort, wo die Papierkanten sich überlappen.

4. Für die Himmelslaterne wird das Sterne-Mond-Motiv an die Oberkante der Pergamentröhre geklebt und der gerade Abschlußstreifen an die Unterkante.

5. Für die Apfellaterne kleben wir das Motivband an die Unterkante und den Abschlußstreifen an die Oberkante.

6. Mit einem Tupfer Klebstoff befestigen wir zum Schluß das Teelicht am Boden unserer Tischlaternen.

ADVENTSLATERNEN

Alter
ab 5 Jahre
Material
je Laterne:
Tonkarton in Dunkelblau
und Braun
Bleistift
Pauspapier
spitze Schere
Klebstoff
Transparentpapier in
Rot, Grün und Blau
Pergamentpapier,
18 x 38 cm
Käseschachtel,
Ø 11 cm
Teelicht

Laternen zum Martinstag

LATERNEN ZUM MARTINSTAG

Alter
ab 6 Jahre (mit Hilfe eines Erwachsenen)
Material
Tapetenkleister
1 Schüssel
Sisal- oder Hanfschnur
Luftballons
1 Blumentopf aus Ton
1 kleines Holzbrettchen
verschiedene Herbstfrüchte
Teelichter oder elektrischer, mit einer Batterie gespeister Laternenstab

Am Martinstag mit einer selbstgebastelten Laterne am Umzug teilzunehmen ist für die Kinder immer wieder ein besonderes Erlebnis. In manchen Gegenden ist es Brauch, während des Umzuges kleine Lichter ins Fenster zu stellen. Diese gespenstigen Gesichter zu basteln ist zwar etwas aufwendig, sie sehen dafür aber besonders lustig aus.

1. Zuerst rühren wir den Tapetenkleister nach der beiliegenden Pakkungsvorschrift an.

2. Die Sisal- oder Hanfschnur rollen wir zu einem Knäuel auf. Den Luftballon blasen wir so groß auf, wie wir die Laterne haben möchten; für eine Tischlaterne also etwas kleiner als für eine Laterne zum Martinstagumzug.

3. Wenn wir den Luftballon aufgeblasen und zugeknotet haben, binden wir eine Kordel um diesen Knoten und ziehen sie anschließend von oben durch das Loch im Blumentopf.

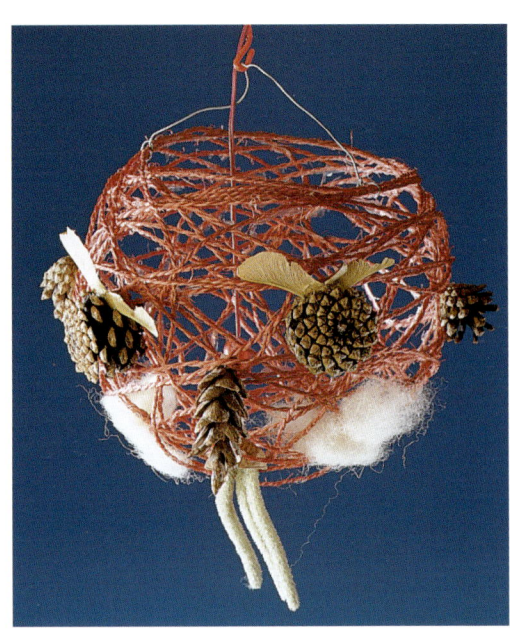

4. Anschließend binden wir die Kordel an den Tisch oder an ein Holzbrettchen, damit der Luftballon möglichst fest auf dem Tontopf sitzt.

5. Jetzt kleistern wir den Luftballon ein und wickeln dann die Schnur kreuz und quer um unseren Ballon.

142

Wir passen auf, daß wir gleichmäßig wickeln und dabei keine zu großen Lücken lassen. Zwischendurch kleistern wir die Schnur immer wieder ein. Sie soll vom Kleister gut durchfeuchtet sein. Zu dick umwickelt werden darf der Ballon allerdings nicht, weil die Laterne sonst hinterher nicht so schön leuchtet.

6. Jetzt muß der Ballon 1 bis 2 Tage trocknen. Wenn die Sisalschnur fast trocken ist, lassen wir die Luft aus dem Ballon, damit er nicht so fest an der Schnur klebt.

7. Das Gesicht können wir wie auf den Abbildungen zu sehen herstellen oder ganz nach eigener Phantasie gestalten.

8. Als Beleuchtung für die Tischlaternen (siehe Foto Seite 142 unten) verwenden wir am besten Teelichter. Für den Umzug am Martinstag eignen sich dagegen elektrische, mit einer Batterie gespeiste Laternenstäbe besser.

Tip: Da diese Arbeit etwas aufwendig ist, lohnt es sich, gleich mehrere Laternen zu basteln.

Nußspinnen-Spiel

2. Wir schneiden acht Spinnenbeine aus Makrameegarn oder Wolle zu und kleben sie unter die Schale. Wenn wir jetzt noch mit Filzstift zwei Augen aufmalen, ist unsere Spinne schon fertig.

3. An dem Stab befestigen wir ein Ende eines langen Stück Garns, das andere an der Spinne. Jetzt können wir die Spinne „laufen" lassen.

Spielfeld

1. Wir übertragen von der Vorlage Seite 220 das Spinnennetz auf drei Blätter des Zeichenblocks. Auf einen Bogen schreiben wir mit dickem Filzstift Buchstaben, auf einen weiteren Zahlen. Den dritten Bogen können wir mit bunten Tonpapierstücken bekleben oder mit Wasserfarben ausmalen.

NUSSSPINNEN-SPIEL

Alter
ab 4 Jahre (mit Hilfe eines Erwachsenen)
Teilnehmer
allein oder in einer kleinen Gruppe
Material
Walnußschalenhälfte
Handbohrer
Fertigöse
braune dünne Wolle oder Makrameegarn
Häkelgarn
Stab
Schere
Klebstoff
Filzstift

Aus einem langen verregneten Herbstnachmittag können Sie einen spannenden Spieletag machen, denn mit wenigen Mitteln läßt sich ein Geschicklichkeitsspiel herstellen, das Freude beim Basteln macht und in mehreren Variationen gespielt werden kann. Auch eigene Regeln können sich die Kinder dabei bestimmt ausdenken.

Nußspinne

1. Wir lassen uns von einem Erwachsenen ein kleines Loch in die Mitte der Nußschale bohren. Da hinein drehen wir eine fertige Öse oder kleben eine Schlaufe aus Garn.

2. Um unser Spielfeld komplett zu machen, kleben wir die beiden Folien vorsichtig mit Klebestreifen zusammen. Diesen Bogen legen wir auf eines der Spinnennetze und kleben die Wolle oder Garnstücke auf die Linien, so daß ein „leeres" Spinnennetz entsteht. Darunter können wir dann je nach Wahl die verschiedenen anderen Bogen legen.

Spielregeln

Ein Kind stellt sich vor das Spielfeld und versucht, die Spinne auf ein bestimmtes Feld zu setzen, wobei es nur den Stab zu Hilfe nehmen darf. Je länger das Garn ist, an dem die Spinne hängt, desto schwieriger wird es. Landet die Spinne zwischen zwei Feldern, ist dieser Versuch ungültig.

Zahlen: Jedes Kind hat fünf Versuche, mit verbundenen Augen die Spinne zu plazieren. Die anderen Mitspieler zählen die Punkte. Die Spinne darf nicht zweimal im gleichen Feld landen.

Buchstaben: Der Spieler denkt sich ein Wort und versucht, die Spinne Buchstabe für Buchstabe laufen zu lassen. Die anderen müssen das Wort erkennen.

Farben: Der Spieler muß mit verbundenen Augen das Spielfeld fünfmal treffen. Eine Farbe wird vorher festgelegt, die er nicht treffen darf. Trifft er sie dennoch, ist der nächste dran. Die Punkte, die er bis dahin erreicht hat, werden gezählt. Das Spiel wird drei Runden gespielt. Sieger ist, wer die meisten Punkte erzielt hat.
Oder: Eine Farbkombination wird vorher festgelegt, die der Spieler treffen muß, gezählt werden die Fehler. Der Spieler mit den wenigsten Fehlern gewinnt.

SPIELFELD

Makrameegarn oder Wolle
2 Folien, DIN A4
Klarsichtklebestreifen
3 Zeichenblockblätter DIN A3
Tonpapier oder Wasserfarben
Filzstift
Kleber
Schere
Bleistift
Pauspapier

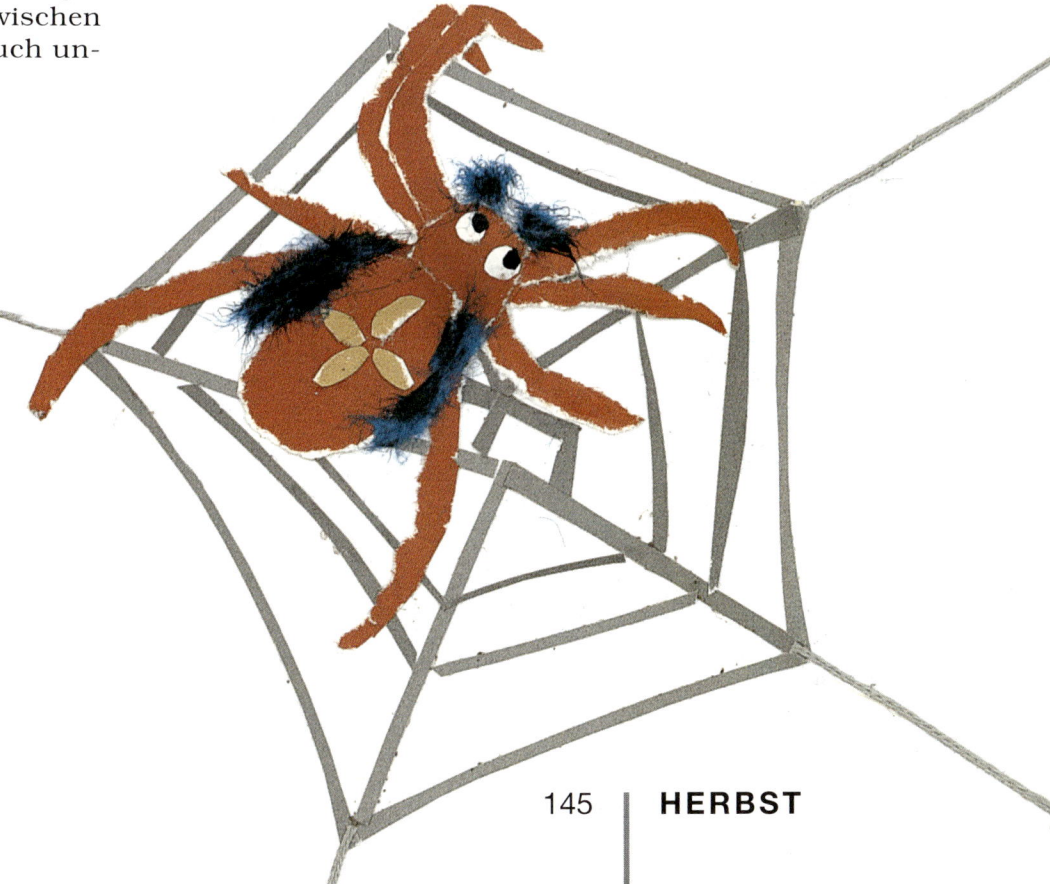

Das Rübeziehen

Großväterchen hat Rüben gesät. Er will eine dicke Rübe herausziehen; er packt sie beim Schopf, und er zieht und zieht und kann sie nicht herausziehen. Großväterchen ruft Großmütterchen, Großmütterchen zieht Großväterchen, Großväterchen zieht die Rübe, sie ziehen und ziehen und können sie nicht herausziehen. Großmütterchen ruft das Enkelchen. Enkelchen zieht Großmütterchen, Großmütterchen zieht Großväterchen, Großväterchen zieht die Rübe, und sie ziehen und ziehen und können sie nicht herausziehen. Enkelchen ruft das Hündchen. Hündchen zieht Enkelchen, Enkelchen zieht Großmütterchen, Großmütterchen zieht Großväterchen, Großväterchen zieht die Rübe, und sie ziehen und ziehen und können sie nicht herausziehen. Hündchen ruft das Hühnchen. Hühnchen zieht Hündchen, Hündchen zieht Enkelchen, Enkelchen zieht Großmütterchen, Großmütterchen zieht Großväterchen, Großväterchen zieht die Rübe, und sie ziehen und ziehen und können sie nicht herausziehen. Hühnchen ruft das Mäuschen. Mäuschen zieht Hühnchen, Hühnchen zieht Hündchen, Hündchen zieht Enkelchen, Enkelchen zieht Großmütterchen, Großmütterchen zieht Großväterchen, Großväterchen zieht die Rübe, und sie ziehen und ziehen, und – schwupps – ist die Rübe heraus, und das Märchen ist aus.

Russisches Märchen

Singspiel zum Märchen

Nebenstehendes Märchen bietet sich geradezu an, es einmal als kleines Singspiel nachzuempfinden. Vielleicht haben die Kinder auch Spaß daran, sich entsprechend zu verkleiden und ein richtiges kleines Theaterstück daraus zu machen.

Die einzelnen Darsteller kommen jeweils nach dem Rufgesang und mimen das Ziehen, indem sie sich nacheinander aufstellen, um die Hüfte fassen und so tun, als ob sie kräftig ziehen. Erst als das Mäuschen mitzieht, gelingt es allen, die Rübe herauszuziehen.

SINGSPIEL ZUM MÄRCHEN

Alter
ab 5 Jahre
Teilnehmer
6 Kinder als Darsteller und beliebige Anzahl Kinder als Chor
Material
eventuell eine Kopfbedeckung als Verkleidung

Melodie: Ria Janßen

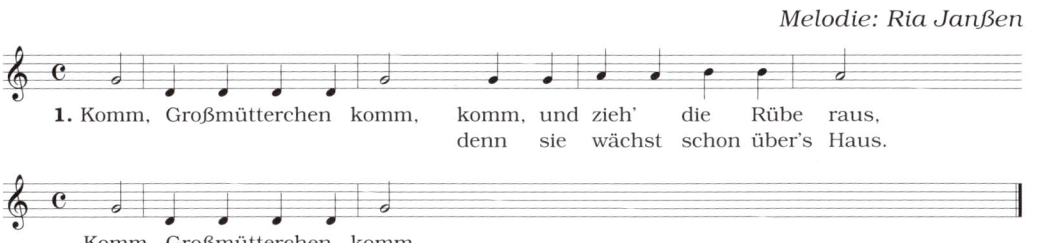

1. Komm, Großmütterchen komm, komm, und zieh' die Rübe raus, denn sie wächst schon über's Haus.

Komm, Großmütterchen komm.

2. Komm, Enkelchen komm, komm und zieh' die Rübe raus, denn sie wächst schon übers Haus. Komm, Enkelchen komm.

3. Komm, Hündchen komm, …

4. Komm, Hühnchen komm, …

5. Komm, Mäuschen komm, …

Kork-Flugzeug

KORK-FLUGZEUG

Alter
ab 5 Jahre
Material
1 Sektkorken
5 Weinkorken
Kleber
Küchenmesser
Küchenbrett als
Arbeitsunterlage
2 Ahorn-Früchte
1 Stecknadel

Mit ein paar Weinkorken läßt sich ein ganzer Flugzeugpark bauen und jedes Modell hat dabei seine eigene Note.

1. Wir kleben den Sektkorken an einen Weinkorken – das ist der Flugzeugrumpf. Dann halbieren wir einen weiteren Korken längs und kleben die Hälften an der Schmalseite zusammen – das sind die Flügel, die wir direkt hinter dem dicken Teil des Sektkorkens befestigen.

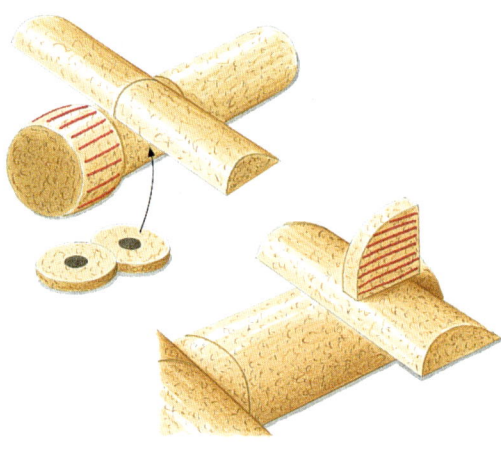

2. Wir schneiden von dem 4. Korken zunächst vier dünne Scheiben ab.

Zwei davon kleben wir als Räder unterhalb der Flügel an den Rumpf. Wir vierteln eine weitere Scheibe. Wir schneiden noch einen schmalen Längsstreifen und setzen das Viertel darauf – das ist das Heck.

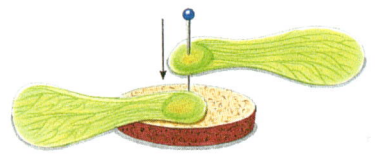

3. Die vierte Scheibe ist die Unterlage des Propellers, die wir auf den Sektkorken kleben. Die Ahornfrüchte legen wir zu einem Rotorblatt, kleben sie so an ihren dicken Seiten aneinander und stechen eine Stecknadel durch. Diese stecken wir dann in die Vorderfront des Flugzeugs und können damit sogar den Propeller drehen.

4. Um einen Doppeldecker zu bauen, verwenden wir statt des Sektkorkens einen Weinkorken und schneiden ein zweites Flügelpaar, das wir unter die oberen Flügel kleben. Vorher allerdings müssen wir in jedes der beiden unteren Flügel eine kleine Kerbe einschneiden, damit wir sie hinter den Rädern an den Rumpf kleben können.

Kork-Eisenbahn

Es lohnt sich, alte Korken nicht mehr wegzuwerfen, denn sie sind ein ideales Arbeitsmaterial für kreative Kinder.

Lok

1. Für die Lok benötigen wir 8 Weinkorken. Von 4 Korken kleben wir jeweils zwei hintereinander. Von einem der beiden Teile schneiden wir eine Scheibe von 1 cm Breite ab. Dann kleben wir die Korkenteile übereinander, wobei das längere oben liegt.

2. Von einem weiteren Weinkorken schneiden wir sechs schmale Scheiben ab – das sind die Räder. Je drei kleben wir rechts und links an unsere Lok.

3. Drei Korken werden in schmale Streifen geschnitten, zwei Mittelteile davon kleben wir als Dach zusammen. Das Mittelteil des dritten Korkens schneiden wir nochmals längs in 4 Streifen. Je zwei Streifen werden als Dachstütze an die obere Korkenreihe geklebt, darauf befestigen wir das Dach. Falls es zu lang ist, kürzen wir es noch ein wenig.

4. Aus den übriggebliebenen Teilen schneiden wir noch die Schornsteine, einen langen und zwei kurze. Zum Schluß kleben wir noch je einen Zahnstocher quer über die Räder.

Waggons

1. Die Waggons arbeiten wir aus je 4 Weinkorken. Wir schneiden 4 Räder und kleben jeweils 2 rechts und links an einen Korken. Einen weiteren Korken teilen wir wieder in 3 Streifen. Den mittleren geraden Teil schneiden wir in 4 schmale Streifen und kleben sie zu je zweien vor und hinter den Wagenkorken.

2. Übrig bleiben zwei Streifen mit runden Kanten. Wir brauchen noch einen dritten solchen Streifen und bilden damit das Dach, indem wir sie versetzt zusammenkleben. Dieses Dach setzen wir nun auf die Stangen.

3. Um die Waggons und die Lok miteinander verbinden zu können, drehen wir in jeden Korken eine Öse. Mit einem Stück Garn können wir dann die Waggons und die Lok verbinden.

KORK-EISENBAHN

Alter
ab 5 Jahre
Material
12 Weinkorken
Kleber
Küchenmesser
Küchenbrett als
Arbeitsunterlage
Zahnstocher
Ösen
Garn

Zwergenschule

ZWERGENSCHULE

Alter
ab 6 Jahre
Material
1 Kiefernzapfen
4 Erlenzapfen
16 Weinkorken
Lederband
Filzreste
Tonpapierreste in Rot,
Blau, Orange und Braun
Zahnstocher
Messer
Schere
Kleber
Bleistift
Pauspapier

Diese Bastelarbeit erfordert einiges Geschick und Geduld. Es wird den Kindern anschließend aber sicher viel Spaß machen, den Zapfenzwergen Unterricht zu geben.

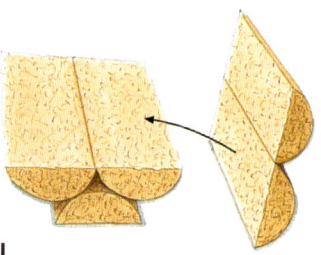

Lehrerstuhl
Wir halbieren zwei Korken längs und kleben sie zu einem Sitz.

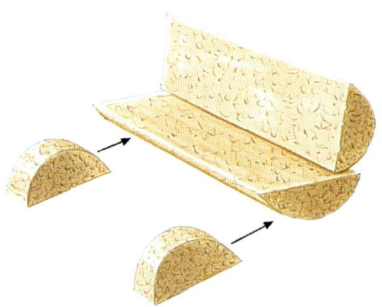

Schulbänke und Tische
Wir schneiden einen Korken längs in der Mitte durch und kleben die Teile so zusammen, daß eine Sitzfläche entsteht. Wir schneiden nun einen weiteren Korken längs in drei Teile. Den schmalen Streifen aus der Mitte kleben wir als Tischplatte auf einen runden Teil. Aus dem übriggebliebenen halbrunden Stück schneiden wir die Tisch- und Bankbeine und kleben sie an.

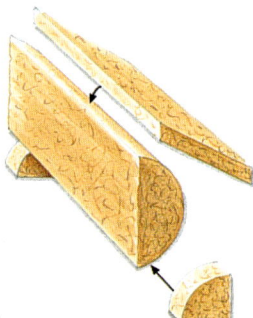

Lehrerpult
Wir teilen einen weiteren Korken längs in drei Teile, kleben die zwei runden aufeinander, den schmalen Mittelteil als Tischfläche darauf. Von einem neuen Korken schneiden wir zwei Scheiben ab, halbieren sie und kleben sie als Beine an.

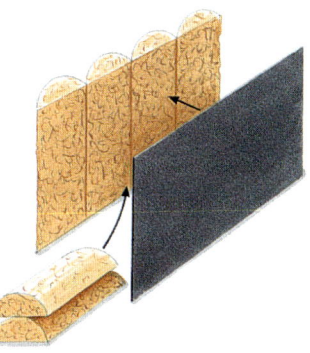

Tafel

Zwei Korken halbieren wir längs und kleben alle vier Teile zu einer Fläche zusammen. Zwei halbierte Scheiben kleben wir als Fuß an. Aus schwarzem Tonpapier schneiden wir das Tafelbild zurecht und kleben es auf die Fläche.

Schultaschen

Die Schultaschen bestehen aus einem viereckigen Stück Korken, an dessen Rückseite wir zwei kleine Stücke Lederband befestigen.

Schüler und Lehrer

1. Jetzt brauchen wir natürlich noch die Schüler und den Lehrer. Wir pausen von Seite 211 die Teile für Hüte, Arme und Beine auf eine Schablone und schneiden sie aus.

2. Aus Filz schneiden wir die Hüte und die Nase des Lehrers, aus Tonpapier Augen, Arme und Beine. Die Hüte kleben wir an der geraden Seite zu einer Tüte zusammen und befestigen sie an den Zapfen. Ebenso kleben wir die restlichen Teile auf die Zapfen; der Lehrer bekommt noch seinen Zeigestock – und schon kann der Unterricht beginnen!

Adventskalender-Zwerge

ADVENTSKALENDER-ZWERGE

Alter
ab 5 Jahre
Material
3 Bogen roter Tonkarton
Bleistift
Pauspapier
spitze Schere
Lineal
Klebstoff
beiges Tonpapier
Filzstifte in Rot und
Braun
Wollreste in Rot und
Natur
2 Bogen grünes Seiden-
papier
Goldkarton
Bürolocher

Die 24 gefüllten Zwerge stehen in der Adventszeit auf einem Regal oder am Fensterbrett. Jeden Tag wird ein weiteres Überraschungspäckchen aus dem „Zwergenbäuchlein" genommen und durch einen Tannenzweig ersetzt.

1. Wir übertragen die Zwergenumrisse auf den roten Tonkarton und schneiden die Formen aus.

2. Damit wir den Karton an den Knicklinien besser falten können, legen wir das Lineal an und ritzen den Karton leicht ein.

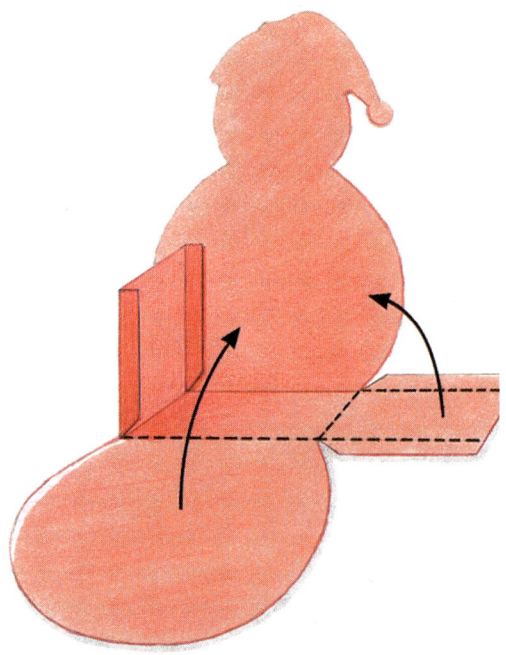

3. Haben wir den Karton entlang aller Knicklinien gefaltet, kleben wir die Seitenflügel der Form von innen an „Bauch" und „Rücken" des Zwerges, so daß schließlich ein Körbchen zum Füllen entsteht.

4. Die Gesichtsform schneiden wir aus Tonpapier. Darauf malen wir Augen, Nase und Mund; danach kleben wir das Gesicht auf die Vorderseite des Zwergenkopfes. Aus der naturfarbenen Wolle werden Haare und Bart hergestellt. Auf diese Art basteln wir 24 Zwerge.

5. Nun wickeln wir 24 kleine Geschenke in grünes Seidenpapier, verschnüren die Päckchen mit roten Wollfäden und stecken sie in die Zwergenbäuche.

6. Zum Schluß übertragen wir die Ziffern auf die Rückseite des Goldkartons, schneiden sie aus und kleben sie auf die Zwergenbäuche. Aus den Goldkartonresten stanzen wir mit einem Locher Kreise aus und kleben sie als Bommel auf die Zipfelmützen.

Nikolausschuhe

Der gute Nikolaus freut sich sicher, wenn er all seine leckeren Gaben diesmal in selbstgebastelte Schuhe stecken kann. Sollten ihm die auf dem Vorlagebogen abgebildeten Schuhe zu klein sein, vergrößern Sie die Schablone einfach von 18 x 24 auf 24 x 32 oder 27 x 36 cm. Die Machart der Schuhe bleibt dabei immer die gleiche.

1. Zu Beginn übertragen wir die Schuhumrisse vom Vorlagebogen auf den Tonkarton und schneiden sie aus. An der angegebenen Stelle machen wir zwei Einschnitte.

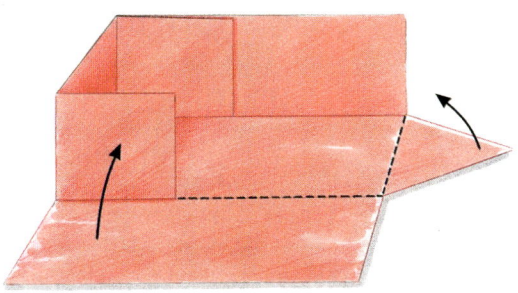

2. Damit wir den Karton an den Faltlinien leichter umknicken können, legen wir das Lineal an und ritzen die Linien mit der Scherenspitze an.

3. Die zwei Fersenlaschen heften wir an der Schuhinnenseite mit den Seitenflächen des Schuhs zusammen, die „Zunge" des Schuhs mit den vorderen Ecken, damit der Schuh geschlossen wird. Für die Schleife raffen wir ein 8 x 16 cm großes Stück Kreppapier und umwinden die Mitte mit einem schmalen Kreppapierstreifen, den wir an der Rückseite zusammenkleben. Die Kanten dehnen wir, damit ein welliger Schleifenrand entsteht. Zum Schluß kleben wir die fertige Schleife vorn auf den Schuh. Am **5.** Dezember stellen wir unseren prächtigen Nikolausschuh vor die Zimmertür oder ins Fenster.

NIKOLAUSSCHUHE

Alter
ab 4 Jahre (mit Hilfe eines Erwachsenen)
Material
Tonkarton in Weiß, Rot oder Gold
Bleistift
Pauspapier
spitze Schere
Lineal
Heftklammermaschine
Kreppapier in Weiß oder Rot

Adventsschmuck aus Wellpappe

**ADVENTSSCHMUCK
AUS WELLPAPPE**

Alter
ab 5 Jahre
Material
Wellpappe, einfarbig
oder bunt (Colorwell)
Schere
Klebstoff
große Büroklammern
Seiden- oder Trans-
parentpapier
Nadel
Faden

**Mit weihnachtlichem Raum-
schmuck aus Wellpappe liegen Sie
voll im Trend! Ganz einfach
basteln Sie mit Ihren Kindern
schlichte Figuren aus Resten farbiger oder einfacher Wellpappe.**

1. Vom Wellpappebogen schneiden wir
zuerst beliebig lange und etwa 3 cm
breite Streifen ab.

2. Nun rollen und knicken wir diese
Streifen so, daß ähnliche Figuren wie
die abgebildeten entstehen.

3. Mit etwas Klebstoff verbinden wir
die Streifenenden. Wir klemmen sie
mit großen Büroklammern solange
fest, bis der Kleber getrocknet ist, weil
die soeben geklebten Wellpappestreifen
sonst immer wieder aufspringen.

4. Anschließend betupfen wir eine
Seite des fertigen Wellpappe-Gebildes

mit Klebstoff und drücken die Form vorsichtig auf Seidenpapier.

5. Ist der Kleber getrocknet, können wir die überstehenden Seidenpapierreste abschneiden.

6. Dann befestigen wir einen Aufhängefaden, indem wir ihn mit der Nadel durch den Wellpapperand ziehen und sein Ende verknoten.

7. Die fertigen Wellpappe-Ornamente hängen wir an einen dekorativen Ast, den wir von der Decke baumeln lassen oder in eine große Vase stecken. Sehr hübsch sieht es aber auch aus, wenn wir die Figuren ans Fenster hängen und das Licht durchscheinen kann.

Adventsgedicht
Advent, du schöne, stille Zeit,
jetzt ist auf Weihnacht nicht mehr weit.
Dann strahlt am Himmel hell und fern,
der Weihnachtsstern!

Kerzenzwerge

KERZENZWERGE

Alter
ab 6 Jahre
Material
**Tonpapier in Grün, Beige
und Braun
Bleistift
Pauspapier
Schere
Klebstoff
Locher
Filzstifte
2 rote Glaskopf-
stecknadeln
Stundenbrenner,
Ø 5 cm, Höhe 6,5 cm
4 goldene Klebe-
sternchen**

Für diesen stimmungsvollen Weih-
nachtstischschmuck verwenden
Sie aus Sicherheitsgründen bitte
nur Kerzen in Bechern, denn nur
damit ist das Papier ausreichend
vor den Flammen geschützt.
Schneiden Sie die Zwergenklei-
dung aus hellem statt aus dunkel-
grünem Papier, können Kinder sie
individuell bemalen und dann
gleich als „ihr" Zwergenlicht wie-
dererkennen.

1. Wir übertragen die Kerzenzwerg-
Schablonen zweimal vom Vorlagebogen auf das grüne Tonpapier und
schneiden sie dann aus.

2. Aus naturfarbenem Tonpapier
schneiden wir Gesichter und Hände,
aus braunem die Stiefel. Dann kleben
wir diese Teile auf die Zwergenkörper.

3. Nun lochen wir aus weißem Papier
vier Augen und kleben sie auf die
Gesichter. Pupillen und Münder malen
wir auf.

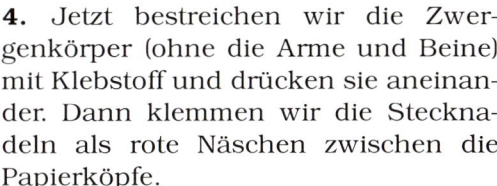

4. Jetzt bestreichen wir die Zwergenkörper (ohne die Arme und Beine) mit Klebstoff und drücken sie aneinander. Dann klemmen wir die Stecknadeln als rote Näschen zwischen die Papierköpfe.

5. Wir drücken Arme und Beine vorsichtig auseinander und stecken die Kerze dazwischen. Kleben wir an die Mützchen noch Goldsterne als Zipfel, dann erkennt jeder gleich, daß es sich hier um Weihnachtszwerge handelt.

Streichholzpuzzle

STREICHHOLZPUZZLE

Alter
ab 4 Jahre
Material
Streichholzschachteln
mit Inhalt
1 Blatt Zeichenpapier
Bleistift
Schere
Farben, Stifte oder
Buntpapier
Klebstoff
Cutter
Zellophanpapier
Klebeband

Dieses originelle Geschenk eignet sich für große und kleine Leute. Wird es an Kinder verschenkt, entfernen Sie vor dem Verpacken alle Streichhölzer. Verschenken Sie es an Erwachsene, dann lassen Sie die Hölzer drin. Dadurch ist es ein netter Zeitvertreib und eine „eiserne Streichholzreserve" in einem.

1. Zu Beginn legen wir gerade so viele Streichholzschachteln aneinander auf ein Blatt Zeichenpapier, daß ein Rechteck entsteht.

2. Als nächstes zeichnen wir mit Bleistift die Umrisse dieses Schachtelrechtecks auf dem Papier nach und schneiden es aus.

3. Nun malen, zeichnen oder kleben wir ein schönes Weihnachtsbild auf dieses Blatt.

4. Die fertige Zeichnung kleben wir oben auf das Schachtelrechteck. Wenn der Kleber getrocknet ist, schneiden wir das Bild entlang der Schachtelzwischenräume mit dem Cutter auseinander. Dabei lassen wir uns von einem Erwachsenen helfen.

5. Wenn wir unser Streichholzpuzzle am Schluß in farbloses Zellophanpapier einpacken, macht es einen „wertvollen" Eindruck und kommt besonders gut zur Geltung.

158

Weihnachtsbaum

WEIHNACHTSBAUM

Alter
ab 4 Jahre (mit Hilfe
eines Erwachsenen)
Material
Pergamentpapier
Bleistift
Schere
6 kleine Puppenkerzen
Zutaten
Teig:
1 Zitrone
400 g Zucker
5 EL Honig
60 g Butter
1 Ei
1 Prise Salz
1 Päckchen
Lebkuchengewürz
1 Päckchen Backpulver
650 g Mehl
etwas Margarine
2 EL Dosenmilch
zum Verzieren:
250 g Puderzucker
1 Eiweiß
2 EL Puderzucker
Geräte
Messer
Zitruspresse
Kochtopf
Kochlöffel
Teigroller
Backblech
Kuchenpinsel
Rührschüssel
Teelöffel
kleines Sieb

Die ungewöhnliche Form dieses Kuchens macht großen Eindruck, er ist aber gar nicht schwer herzustellen.

1. Wir pausen die Sterne einzeln vom Vorlagebogen auf Pergamentpapier ab.

2. Dann bereiten wir den Teig wie folgt zu: Wir schneiden die Zitrone mit dem Messer in der Mitte durch und pressen sie auf der Zitronenpresse aus. Dann erwärmen wir Zucker, Honig, Zitronensaft und die Butter in einem Topf auf Stufe 1, bis alles geschmolzen ist. Nun rühren wir Ei, Salz und Lebkuchengewürz mit dem Kochlöffel unter, vermischen das Backpulver mit dem Mehl und rühren es ebenfalls unter den Teig.

3. Wir rollen den Teig auf einer bemehlten Fläche 1 cm dick aus, legen die Schablonen darauf und schneiden mit dem Messer die 9 verschieden großen Sterne aus.

4. Diese Sterne legen wir dann auf ein gefettetes Backblech, bepinseln sie mit Dosenmilch und backen sie bei 175°C 20 Minuten lang. Wenn sie fertig gebacken sind, legen wir sie zum Auskühlen auf ein Kuchengitter.

5. 250 g Puderzucker und das Eiweiß verrühren wir währenddessen in einer Rührschüssel zu einer festen Masse.

6. Jetzt kleben wir die Sterne der Größe nach mit je einem Teelöffel Puderzuckermasse zusammen. Den kleinsten Stern stellen wir auf die Spitze des Baumes (siehe Foto).

7. Aus der restlichen Puderzuckermasse formen wir nun kleine Kugeln und befestigen damit die Puppenkerzen.

8. Wenn alles trocken ist, besieben wir den Weihnachtsbaum dick mit Puderzucker, so daß er aussieht wie ein Tannenbaum im Schnee.

WINTER

Winter ist's, die Luft ist kalt!
Die Faschingszeit beginnt jetzt bald.
Wir spielen meistens jetzt im Zimmer,
und Zeit zum Basteln hab'n wir immer!

Rasseltöpfe

RASSELTÖPFE

Alter
ab 4 Jahre
Teilnehmer
1–5 Kinder
Material
Malpapier
1 Schwamm
Schere
Wasserfarben in Rot,
Gelb, Orange und Grün
Bleistift
Alleskleber
große Joghurtbecher
mit Deckel und mög-
lichst ohne Aufschrift
Herbstfrüchte

Melodien zu summen und Lieder zu singen macht kleinen Kindern erst so richtig Spaß, wenn sie dabei auch Krach machen können. Die hier gezeigten sogenannten Rasseltöpfe sind denkbar einfach nachzubasteln und können als musikalische Begleitung für das nebenstehende Lied eingesetzt werden. Es ist sinnvoll, das Material in den Töpfen hin und wieder auszutauschen und den Kindern so gleichzeitig neuen Anreiz zu bieten.

1. Wir wählen einen Joghurtbecher mit Deckel, weil er einfach zu verschließen ist und wir das Rasselmaterial problemlos austauschen können.

2. Den Becher können wir beliebig bemalen, aber für den Herbst eignen sich am besten bunte Blätter. Hierzu nehmen wir einen Bogen Malpapier und einen Schwamm.

Den Schwamm schneiden wir in 4 Teile, damit wir für jede Farbe ein anderes Stück verwenden können. Jetzt tupfen wir mit einem dieser Schwämmchen eine Farbe nach der anderen auf das Blatt.

3. Während der Malbogen trocknet, pausen wir von der Vorlage auf Seite 221 die Blattmotive auf festen Karton, legen die so entstandenen Schablonen auf den bemalten Bogen, umfahren sie mit dem Bleistift und schneiden sie aus.

4. Dann kleben wir die Blätter in beliebiger Anordnung auf unsere Becher.

5. Wir geben einige Herbstfrüchte hinein und fertig ist die passende musikalische Begleitung zum folgenden Lied.

Der Rasseltopf

Melodie: Der Bi-ba-Butzemann
Text: Ria Janßen

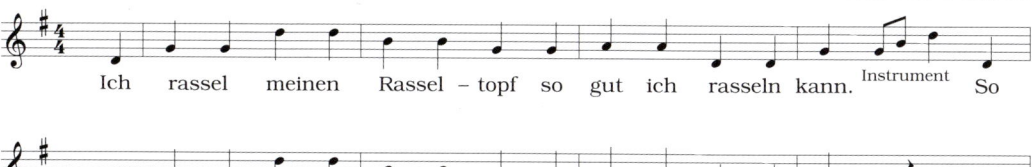

Ich rassel meinen Rassel – topf so gut ich rasseln kann. **Instrument** So

hört mal wie mein Rassel – topf ver–schie–den rasseln kann. Er

rasselt laut, er rasselt leis, er rasselt kurz, er rasselt lang, und

wenn ich nicht mehr rasseln kann, dann ist der Peter dran.
(Kathrin)

DER RASSELTOPF

Alter
ab 4 Jahre
Teilnehmer
mindestens 2 Kinder

Der Rasseltopf kann während des ganzen Liedes von uns geschüttelt werden, an der im Lied gekennzeichneten Stelle (Instrument) sollten wir ihn aber betonend einsetzen, zum Beispiel durch kräftiges Tippen auf den Tisch, den Boden oder ähnliches.

Winterwelt

WINTERWELT

Alter
ab 5 Jahre
Material
Pauspapier
Bleistift
Schreibmaschinen-
papier
Schere
Tonpapier in Weiß, Beige
und Braun
Lineal
Filzstifte oder Buntstifte
evtl. Watte oder
Styropor

Zu einem richtigen Winter gehören verschneite Tannen und Schneemänner, doch leider machen sie sich rar. Da hilft eine winterliche Bastelstunde. Die Allerkleinsten dürfen eine Schneelandschaft aus Watte und Styropor aufbauen, während die Größeren ihre Lieblingstiere in der einfachen Faltschnitt-Technik ausschneiden. Der Schlitten erfordert die Hilfe eines Erwachsenen.

1. Wir übertragen das Motiv vom Vorlagebogen auf Schreibmaschinenpapier und schneiden es aus. Ein Stück Tonpapier wird in der Mitte so gefaltet, daß das Motiv gerade auf die Vorderseite paßt.

2. Wir übertragen mit Schablone und Bleistift den Umriß des Motivs auf die Vorderseite des gefalteten Blattes. Die obere gestrichelte Linie muß dabei genau auf der Faltkante liegen.

3. Nun schneiden wir das Motiv aus. Dabei müssen wir auf die Faltkante achten: Zerschneiden wir sie, zerfällt das Papier in zwei Hälften.

4. Den Schneemann malen wir mit Filz- oder Buntstiften an. Dem Hasen und dem Eisbären zeichnen wir mit schwarzem Stift Gesicht und Ohren auf. Gelbe Bäckchen lassen den Eisbären lustiger aussehen.

5. Zum Aufstellen falten wir die Figuren etwas auseinander.

Schlitten

1. Nachdem wir die Vorlage für den Schlitten auf weißes Papier übertragen und ausgeschnitten haben, legen wir die Schablone auf braunes Tonpapier, umranden sie mit Bleistift und zeichnen die gestrichelten Faltlinien ein.

2. Wir schneiden den Schlitten aus. Für die Innenflächen benutzen wir am besten eine kleine Schere.

3. Damit der Schlitten gut steht, knicken wir die Seitenteile an den Faltlinien im rechten Winkel ab.

Kannst du dichten?

In jeder Strophe fehlt das letzte Wort. Wer findet das passende Reimwort?

Der Eisbär, der Eisbär,
der schwimmt so gern im kalten ...

Der Eskimo, der Eskimo,
fängt er 'nen Fisch, dann ist er ...

Der kleine Fisch, der kleine Fisch,
kommt heut' gebraten auf den ...

Der Schlittenhund, der Schlittenhund,
fährt uns zum Iglu, er ist ...

Der Schneemann, der Schneemann,
der steht im Schnee, so lang er ...

Körnerbild

KÖRNERBILD

Alter
ab 7 Jahre
Material
bunte Körner aller Art
rote Strohhalme,
gebügelt
Makrameegarn oder
Wollreste
Rest Spitze
Rest Buntpapier
Karton, DIN A4
Schere
Kleber
Holzspieß
Nadel
Faden
Bleistift
Pauspapier

Unser Speiseplan enthält eine Vielzahl von Früchten und Gemüsen, deren „Innenleben" (Kerne oder Körner) normalerweise auf dem Kompost oder Abfall landen. Es lohnt sich aber, Paprikasamen, Melonen- oder Apfelkerne zu trocknen und damit zu basteln. Auch Bohnen verschiedenster Art, Linsen, Graupen oder Mais lassen sich zu einem hübschen Bild verarbeiten.

1. Wir pausen von der Vorlage auf Seite 222 den Grundriß des Hauses mit allen Linien für das Fachwerk auf festen Karton.

2. Einen Rest Buntpapier schneiden wir in der Größe der Fenster zu und kleben ihn auf.

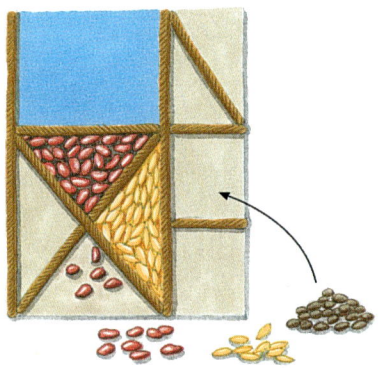

3. Jetzt schneiden wir in der Länge einer jeden Linie für das Fachwerk Makrameegarn zu und kleben die Stücke sorgfältig fest. Dabei achten wir darauf, daß auch die Enden am Rand des Hauses ein wenig Kleber erhalten, damit sie sich nicht aufzwirbeln.

4. Nun bestreichen wir immer eine der entstandenen Flächen gut mit Kleber, streuen die Körner einer Sorte darauf und drücken sie etwas an. Größere Kerne kann man auch einzeln auflegen und vorsichtig mit Hilfe des Holzstäbchens an den gewünschten Platz rücken.

5. Sind alle Flächen belegt und getrocknet, drehen wir die Arbeit vorsichtig um. Dabei fallen alle überflüssigen Körner herunter und wir sehen, wo noch welche fehlen. Diese kleben wir dann einzeln fest.

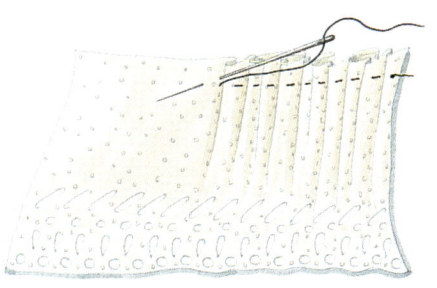

Länge. Wir beginnen mit dem Kleben über den Körnern und legen die „Schindeln" Reihe für Reihe überlappend bis zur Spitze auf. Die überstehenden Randstücke schneiden wir ab.

8. Um das Bild aufhängen zu können, kleben wir auf der Rückseite einen Aufhänger an.

6. Einen Spitzenrest schneiden wir als Gardine zu. Er sollte fast doppelt so breit wie das Fenster sein. Mit Nadel und Faden raffen wir ihn oben auf die Breite des Fensters zusammen und kleben ihn fest.

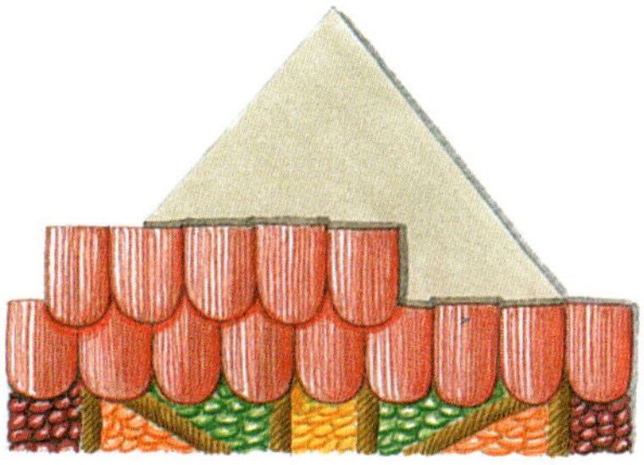

7. Nun fehlt nur noch das Dach. Wir schneiden aus dem gebügelten Stroh „Schindeln" von etwa 2 cm

Pinguine

PINGUINE

Alter
ab 5 Jahre
Material
Toilettenpapierrollen
Schere
Zeitungspapier
Klebstoff
Wasserfarbe in Schwarz
und Gelb
Pinsel
Tonpapier in Schwarz,
Gelb und Weiß

Die Materialien für die kleinen Pinguine finden sich in jedem Haushalt. Das Zuschneiden der Einzelteile erfordert ein wenig Geduld, ist dafür aber auch für Kinder geeignet, die noch nicht vollkommen sicher mit der Schere umgehen. Wenn Sie mit mehreren Kindern basteln wollen, so denken Sie daran, genügend schwarze Deckfarbe bereitzuhalten. Beim Anmalen der Augen und beim Aufkleben der Einzelteile müssen Sie jüngeren Kindern vielleicht helfen.

1. Wir schneiden die Toilettenpapierrolle unten vierfach ein. Die beiden breiten Stege knicken wir als Füße nach vorn, den schmalen nach innen. Hinten schneiden wir die Papprolle in der Höhe des Knicks ab.

168

2. Wir knüllen einen halben Bogen Zeitungspapier zu einem Ball. Damit die Oberfläche etwas glatter wird, legen wir noch ein Stück Zeitung im ganzen darüber und kleben den Ball oben in den vorbereiteten Körper.

4. Wir schneiden das Bruststück aus weißem, den Schnabel aus gelbem und die beiden Flügel aus schwarzem Tonpapier zu. Für die Augen schneiden wir zwei weiße Kreise aus und malen mit schwarzem Stift die Pupillen auf.

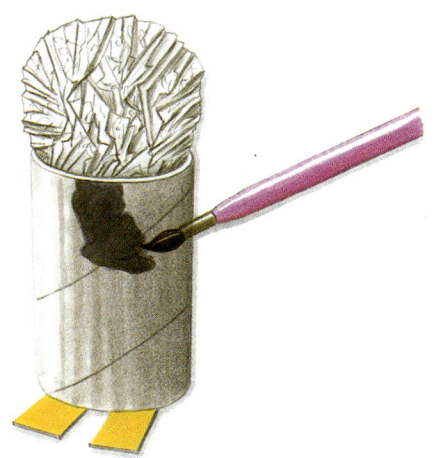

3. Kopf und Körper malen wir mit schwarzer, die Füße mit gelber Wasserfarbe an.

5. Wir kleben Brust und Augen vollflächig, Flügel und Schnabel nur an deren oberen Kanten auf.

Der Streit der Bäume

**DER STREIT
DER BÄUME**

Alter
ab 5 Jahre
Teilnehmer
5 Kinder
Material
eventuell grüne
Umhänge für die Bäume
mit den entsprechen-
den Früchten aus Ton-
papier als
Verkleidung

*Kleines Theaterstück nach einer Geschichte von
Wilhelm Curthmann.*

**Dieses Theaterstück läßt sich leicht nachspie-
len und ist deshalb auch für kleinere Kinder
gut geeignet. Vielleicht führen sie es anläßlich
einer Feier in der Vorweihnachtszeit auf?**

Erzähler: Die Bäume stritten einmal miteinander, wer von ihnen der vornehmste wäre.
Da trat die Eiche hervor und sagte:

Eiche: „Seht mich an! Ich bin groß und kräftig. Ich habe viele Äste, und meine Zweige
sind reich an Früchten und Blättern."

Pfirsichbaum: „Früchte hast du wohl, aber
es sind nur Früchte für die Schweine. Menschen mögen sie nicht essen. Aber ich liefere
die Pfirsiche für die Tafel des Königs."

Apfelbaum: „Das hilft dir nicht viel. Von deinen Pfirsichen werden nur wenig Leute satt.
Sie halten nur wenige Wochen, dann werden
sie faul und niemand kann sie mehr essen.
Ich dagegen trage alle Jahre Körbe voll Äpfel,
die brauchen sich nicht zu schämen, wenn
sie auf die Tafel des Königs gesetzt werden.
Sie machen aber auch die armen Leute satt.
Ich bin der nützlichste Baum."

Fichte: „Das bildest du dir ein, aber du irrst
dich. Mit meinem Holz baut man Häuser und
heizt Öfen. Mich schneidet man zu Brettern
und macht Tische, Stühle und Schränke daraus. Außerdem bin ich im Winter nicht so
kahl wie ihr: Ich bin das ganze Jahr hindurch grün. Und ich allein habe noch einen
Vorzug: Wenn es Weihnachten wird, holen
mich die Leute in ihr Zimmer und schmücken
mich. Über mich freuen sich die Kinder am
allermeisten! Ist das nicht wahr?"

Winterlandschaft

WINTERLANDSCHAFT

Alter
ab 4 Jahre
Material
weißer Fotokarton
hellblaue Wasserfarbe
Schreibmaschinen-
papier
Schere
Klebstoff
weißes Kreppapier

Schon die Jüngsten werden mit Vergnügen Kreppapier zu Kügelchen rollen, damit es über den Tannen kräftig schneit. Auch den himmelblauen Hintergrund malen sie gern alleine. Decken Sie Ihre Arbeitsfläche gut ab, dann können die Kleineren nach Lust und Laune den Pinsel schwingen. Wenn Sie die Tannen vorzeichnen, können schon Vierjährige sie ausreißen. Ältere Kinder gestalten das Winterbild ganz nach ihren eigenen Vorstellungen.

1. Wir malen ein rechteckiges Stück weißen Fotokartons mit hellblauer Wasserfarbe an. Nach oben hin verdünnen wir die Farbe, so daß sie heller erscheint.

2. Auf weißes Schreibmaschinenpapier zeichnen wir mehrere Tannenbäume und reißen sie vorsichtig aus. Wir kleben sie auf den bemalten Fotokarton, sobald die Farbe trocken ist.

3. Aus weißem Kreppapier reißen wir etwa 3 x 3 cm große Stücke, knüllen sie zu Kügelchen und kleben sie einzeln als Schneeflocken auf. An der unteren Bildkante setzen wir sie besonders dicht aneinander.

Eisbär im Schnee

EISBÄR IM SCHNEE

Alter
ab 4 Jahre
Material
Pauspapier
Bleistift
**Fotokarton in Weiß, Hell-
grau und Rot**
Schere
Klebstoff
beiges Tonpapier
schwarzer Filzstift

**Für den einsamen Eisbären auf
der Scholle müssen nur wenige
Einzelteile zugeschnitten werden,
das schaffen schon Vierjährige.
Lediglich Ohren, Schnauze und
Schal werden aufgeklebt, die anderen Details nur eingezeichnet. Sind
mehrere Eisbären geplant, so lohnt
es sich, Pappschablonen aller Einzelteile herzustellen. Soll der kleine Eisbär im Fenster hängen, werden alle Teile bis auf die Eisscholle
doppelt benötigt.**

1. Wir pausen die Umrisse des Eis-
bären vom Vorlagebogen auf weißen
Fotokarton oder umranden die ent-
sprechende Pappschablone mit dem
Bleistift. Dann schneiden wir den
Bärenkörper aus.

2. Aus beigem Tonpapier schneiden
wir die Schnauze und die kleinen Ohr-
teile aus und kleben sie ebenfalls auf.

3. Nun malen wir mit schwarzem Filzstift Augen, Nase, Schnauze und die
Krallen auf.

4. Zum Schluß können wir den Eisbären allein oder zusammen mit anderen auf ein ausgeschnittenes Stück
hellgrauen Fotokarton kleben.

Schneemann-Schachteln

**SCHNEEMANN-
SCHACHTELN**

Alter
ab 5 Jahre
Material
leere
Streichholzschachteln
Schreibmaschinen-
papier
Pauspapier
Bleistift
weißer Fotokarton
Schere
Filzstifte oder
Buntstifte
buntes Kreppapier
(Reste)
Klebstoff

Die kleinen Schneemänner sind schnell und einfach gefertigt, also ideal für ungeduldige Kinder, die man nicht lange mit einer komplizierten Bastelei beschäftigen möchte. Zeichnen Sie jüngeren Kindern die Umrisse auf, und helfen Sie ihnen vor allem beim Gesicht; die Knöpfe schaffen sie dann bestimmt allein. Je bunter die Schneemänner gestaltet werden, um so lustiger wirken sie, und als große Gruppe sehen sie besonders hübsch aus.

1. Wir bekleben eine leere Streichholzschachtel rundherum sauber mit einem 5,2 x 11,5 cm großen Streifen weißen Schreibmaschinenpapiers.

2. Nun übertragen wir den Schneemann von der Vorlage auf weißen Fotokarton und schneiden ihn aus. Wollen wir gleich mehrere Figuren basteln, benutzen wir den ersten ausgeschnittenen Schneemann als Schablone.

3. Wir zeichnen Gesicht und Knöpfe ein und malen die Mütze bunt an.

4. Aus buntem Kreppapier schneiden wir einen Streifen von etwa 1 cm Breite und 10 cm Länge zu und binden ihn dem Schneemann als Schal um den Hals.

5. Den fertigen Schneemann kleben wir auf die Vorderseite der vorbereiteten Streichholzschachtel.

174

Schneemann-Kegeln

SCHNEEMANN-KEGELN

Alter
ab 4 Jahre
Material
**Schneemannschachteln
große Murmel**

Wie wäre es zur Abwechslung mit einem lustigen Spiel?

Wir räumen Papierreste und Bastelutensilien vom Tisch und stellen die kunterbunte Schar der Schneemänner neben- und hintereinander auf. Nun brauchen wir eine große Murmel, eine Startlinie und etwas Feingefühl, wenn es gilt, möglichst viele Schneemänner mit der Murmel umzustoßen. Jeder hat zwei Versuche und darf die umgefallenen Schneemänner zusammenzählen. Na, wer wird Kegelkönig?

Der allerschönste Schneemann

Es war einmal ein kleiner Prinz. Er lebte mit seinen Eltern in einem prächtigen alten Schloß, zu dem ein großer Garten gehörte, der sich wunderbar zum Fußballspielen eignete. Im Sommer war immer etwas los, und die Kinder aus dem Dorf kamen gerne. Nur im Winter langweilte sich der kleine Prinz den lieben langen Tag. Der große Garten lag voller Schnee, und an Fußballspielen war nicht zu denken.

Wieder einmal war es Winter, und der kleine Prinz schaute gelangweilt aus dem Fenster. Da hatte der König eine Idee: „Wie wäre es", schlug er seinem Sohn vor, „wenn wir die Kinder aus dem Dorf zu einem Schneemannwettbewerb einlüden? Und wer den schönsten und originellsten Schneemann baut, bekommt einen Preis. Laß mich nachdenken!" Der König legte seine Stirn in Falten und dachte angestrengt nach. „Ich hab's. Wer den schönsten Schneemann gebaut hat, der darf für eine Woche mit dir und mir und der Königin dorthin fliegen, wo es so warm ist, daß man den Schnee vergißt." Der kleine Prinz war begeistert und bekam vor Aufregung ganz rote Backen. Sofort machte er sich daran, Einladungen zu schreiben.

Am Sonntag darauf – es war ein bitterkalter Wintertag – kamen die Kinder aus der Umgebung ins Schloß. Der kleine Prinz wollte kaum seinen Augen trauen: Er zählte fast vierzig Jungen und Mädchen, die aufgeregt schwatzend in den winterweiß verschneiten Garten liefen. Schnell fanden sich die Kinder zu kleinen Gruppen zusammen, und es konnte losgehen. Der kleine Prinz zog sich seinen wärmsten Pelzmantel an und ging von einer Kindergruppe zur nächsten. Überall durfte er helfen: Hier mußte eine große Schneekugel hochgestemmt, da ein Hut aufgesetzt werden. An Langeweile war gar nicht zu denken.

Schließlich waren alle Schneemänner fertig. Der König und die Königin kamen mit heißem Kakao für alle

in den Garten. Sie hatten nun die überaus schwierige Aufgabe, unter all den wunderschönen Schneemännern den allerschönsten auszuwählen. Und was gab es nicht alles zu bestaunen! Dicke und dünne Schneemänner, lange und kurze Nasen, struppige Besen und die absonderlichsten Kopfbedeckungen. Die Kinder hatten sich wirklich eine Menge einfallen lassen. Plötzlich blieb der König verwundert stehen. Was war denn das, dort hinten in der Ecke? Stand dort nicht ein Schneemann, der aussah wie der König selbst? Tatsächlich, er trug den Ausgehmantel des Königs und auf seinem Kopf die Ersatzkrone, die die Königin für besondere Anlässe bereithielt. Ob da wohl der kleine Prinz ganz heimlich den elterlichen Kleiderschrank geplündert hatte?

König und Königin sahen sich an. Wie sollten sie unter all diesen prachtvollen Schneemännern nur den allerprächtigsten herausfinden? Kurzentschlossen riefen sie alle Kinder zu sich. „Wir haben uns bemüht, den schönsten Schneemann zu finden, aber es ist einfach unmöglich", sprach der König. „Deshalb lade ich euch alle ein, zusammen mit mir, der Königin und dem kleinen Prinzen in den Süden zu fahren. Gemeinsam habt ihr bestimmt den allermeisten Spaß, und meinem Sohn wird es nicht mehr langweilig sein." Und so kam es, daß alle Kinder ihre Koffer packten und mitten im Winter ein paar wunderschöne Sommertage verbrachten.

(Monika Neubacher-Fesser)

Orangenduftkerzen

Wunderbar duften diese selbstgegossenen Kerzen, da sie mit Duftöl hergestellt werden. Sie sind ein schönes Geschenk, das auch kleinere Kinder mit ein wenig Hilfe herstellen können.

1. Wir schneiden die Orange etwas oberhalb der Mitte auf.

2. Vorsichtig pressen wir die Orange aus, der Rand sollte möglichst nicht einreißen.

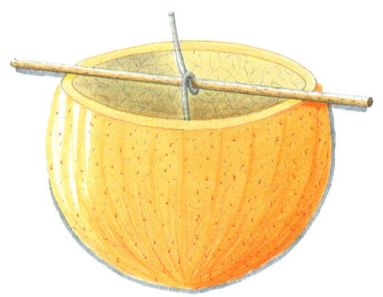

3. Jetzt schneiden wir ein Stück von dem Kerzendocht ab und kleben ein Ende davon in der Orange auf dem Boden fest. Das geht ganz gut mit Expressleim. Wenn der Docht festgeklebt ist, nehmen wir ein Stöckchen und binden das andere Dochtende daran fest. Das Stöckchen legen wir über die Öffnung der Orange. Der Docht sollte vom Boden bis zum Stock eine gerade Linie bilden, aber auch nicht zu stramm sitzen.

4. Die Kerzenreste zerkleinern wir mit einem Messer und füllen die Wachsstücke in ein altes sauberes Marmeladenglas.

5. Das Marmeladenglas mit den Wachsstücken stellen wir in einen Topf mit Wasser und erwärmen das Ganze auf dem Herd bei mittlerer Hitze.

6. Wenn das Wachs geschmolzen ist, träufeln wir einige Tropfen Duftöl hinein.

7. Wir nehmen das Glas vorsichtig mit einem Lappen aus dem Topf und gießen das flüssige Wachs in die Orange.

8. Das Wachs muß nun härten, dann können wir den Docht etwa 2 cm über der Wachsschicht abschneiden.

Orangenpunsch

ORANGENPUNSCH

Alter
ab 4 Jahre
Zutaten
Topf
1 l Früchte- oder
Hagebuttentee
5 Orangen
2 Zitronen
Zitronenpresse
1 Vanilleschote
1 Beutel Glühweinfix
100 g brauner Kandis-
zucker

Dieses vitaminreiche Getränk, für das Sie natürlich auch den frisch gepreßten Orangensaft für die Duftkerzen (Seite 178) verwenden können, schmeckt den Kindern sicher besonders gut, wenn sie es unter Ihrer Anleitung selbst zubereiten dürfen.

1. Wir füllen den Tee zusammen mit dem ausgepreßten Saft der Orangen und Zitronen in einen Topf.

2. Wir halbieren die Vanilleschote und geben sie zusammen mit dem Glühweinfixbeutel ebenfalls in den Topf.

3. Bei mittlerer Hitze erwärmen wir das Ganze, süßen mit Kandiszucker und fertig ist unser Punsch.

Walnuß-Adventskalender

WALNUSS-
ADVENTSKALENDER

Alter
ab 4 Jahre
Material
Walnüsse
Nußknacker
Goldfarbe
Pinsel
Zeitungen
als Unterlage
rotes Schleifenband
Klebstoff
kleine Leckereien zum
Füllen

Dieser Adventskalender eignet sich sowohl für zu Hause als auch für Kindergruppen. Sie können die Walnüsse mit Kleinigkeiten, wie zum Beispiel kleinen Perlen, Stickern, Haargummis, Kaugummis u. a. füllen.
Eine nette Idee wäre auch, kleine Zettel mit Gedichten oder auch Überraschungen wie zum Beispiel: „Wir gehen heute zusammen auf den Weihnachtsmarkt." oder „Wir kochen heute gemeinsam Dein Lieblingsessen.", darin zu verstecken.

1. Zuerst müssen wir die Walnüsse so vorsichtig knacken, daß die Walnußhälften möglichst ganz bleiben. Aus den Kernen können wir später Walnußtörtchen backen (Seite 181). Wir achten darauf, daß die zusammengehörenden Walnußhälften nebeneinanderliegen, dann ist später das Zusammenkleben einfacher.

2. Die 48 Walnußhälften bemalen wir nun auf einer mit alten Zeitungen abgedeckten Arbeitsfläche von außen mit Goldlack. Auch hierbei passen wir auf, daß die zueinandergehörenden Nußhälften nicht getrennt werden. Nachdem der Lack aufgetragen ist, lüften wir den Raum gründlich. Nun müssen wir uns 2–3 Stunden gedulden, bis der Lack getrocknet ist.

3. Eine Hälfte jeder Walnuß bestreichen wir nun am Rand mit Klebstoff. In diese Hälfte legen wir eine kleine Überraschung und kleben ein Stück Schleifenband auf. Dann wird die andere passende Hälfte der Walnuß dagegengeklebt.

4. An den Schleifenbändern können wir schließlich die Nüsse an einen Zweig oder einen Kranz hängen.

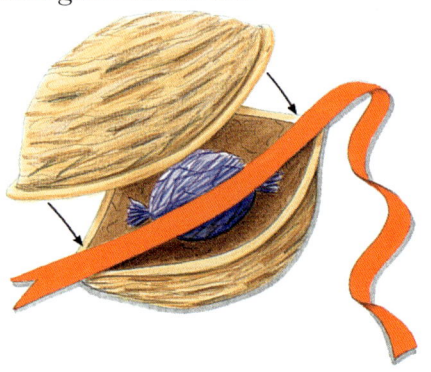

Walnußtörtchen

WALNUSSTÖRTCHEN

Alter
ab 4 Jahre
Zutaten
200 g weiche Butter
200 g Zucker
1 Prise Salz
4 Eier
2 TL Backpulver
250 g Mehl
200 g Walnüsse
1 TL Zimt
Papierbackförmchen
175 g Puderzucker
Walnußhälften zum
Garnieren

Für diese Walnußtörtchen können Sie die übriggebliebenen Walnußkerne verwenden.

1. Butter, Zucker, Salz und 4 Eier rühren wir schaumig.

2. Das Mehl vermischen wir mit dem Backpulver und rühren es unter die schaumige Masse.

3. Nun reiben wir die Walnüsse mit einer Küchenmaschine oder einer Kaffeemühle und rühren sie unter den Teig.

4. Die Papierbackförmchen füllen wir etwa bis zur Mitte mit Teig und backen diese Törtchen bei 175 Grad etwa 30 Minuten im Ofen auf der mittleren Schiene.

5. 2 Eßlöffel Puderzucker verrühren wir mit etwas Wasser, so daß eine geschmeidige Masse entsteht. Damit werden dann die Walnußhälften bestrichen.

6. Wir verrühren den Zimt mit einer Tasse Puderzucker und etwas Wasser zu einem glatten Guß. Damit bestreichen wir die Törtchen und setzen zum Schluß eine halbe Walnuß darauf.
Guten Appetit!

Geschenkschachteln

**GESCHENK-
SCHACHTELN**

Alter
ab 4 Jahre
Material
Tapetenkleister
alte Zeitungen oder
Plastikfolie
farbige Papiere, z.B. aus
Zeitschriften
Geschenkpapiere
Transparentpapiere
Pappkarton, z.B. Schuh-
karton
wasserlöslicher Mattlack
Pinsel

Zu einem richtigen Geschenk gehört eine schöne Verpackung. Hübsch beklebte Schachteln sind eine sinnvolle Alternative zum Geschenkpapier. Sie werden ohne Schere gefertigt und können schon von kleinen Kindern gebastelt werden. Bevor Sie mit dem Kleben beginnen, können die Kinder die Papierschnipsel farblich sortieren. Ton in Ton gestaltet, wirken die Schachteln sehr edel, aber auch eine kunterbunte Farbmischung sieht toll aus.

1. Wir rühren den Tapetenkleister nach Packungsanleitung an.

2. Wir decken den Arbeitstisch mit Zeitungen oder einer Plastikfolie ab.

3. Aus Zeitschriften, Prospekten oder Geschenkpapieren reißen wir Papierstücke heraus, die uns farblich gut gefallen. Die Stücke sollten eine Größe von etwa 5 x 5 cm haben.

4. Eine Seite des Kartons bestreichen wir mit Kleister. Das geht sehr gut mit den Fingern oder einem breiten Pinsel. Nun legen wir die Papierstücke so auf, daß sich die Ränder überlappen. Damit ein schöner Abschluß entsteht, umkleben wir die oberen Kanten und die Ecken.

5. Ist eine Kartonseite dicht an dicht beklebt, bestreichen wir die nächste Seite mit Kleister und bekleben Abschnitt für Abschnitt den ganzen Pappkarton.

6. Haben wir den Karton vollständig beklebt, wird der Deckel passend gestaltet.

7. Sind alle Seiten beklebt, lassen wir Karton und Deckel über Nacht trocknen. Mit Mattlack, den wir sorgfältig auf alle Flächen auftragen, geben wir der Schachtel den letzten Schliff. Nun fehlen nur das Geschenk und ein passendes Schleifenband.

Geschenkpapiere

GESCHENKPAPIERE

Alter
ab 4 Jahre
Material
Bleistift
Pauspapier
Schere
Moosgummi
Klebstoff
kleine Holzreste
mit glatter Oberfläche
Wasserfarben
Pinsel
Packpapier, Tonpapier
oder unifarbenes
Geschenkpapier

Ein Geschenk zu verpacken bereitet Kindern beinahe ebenso große Freude wie das Auspacken eines eigenen Geschenks, und sie werden mit Feuereifer das Papier dazu selbst gestalten. Das geht sehr einfach mit Stempeln aus Moosgummi, das sich leicht mit der Schere zuschneiden läßt. Die älteren Kinder fertigen auch den Stempel selbst, die Kleineren drucken nur mit Begeisterung die klaren Muster aufs Papier.

1. Wir pausen das Motiv (je nach Wahl Stern oder Weihnachtsbaum) vom Vorlagebogen ab und schneiden es aus.

2. Diese Schablone legen wir auf ein größeres Stück Moosgummi und zeichnen die Umrisse mit dem Bleistift nach.

3. Nun schneiden wir das Motiv aus Moosgummi aus und kleben es auf einen passenden Holzrest.

4. Mit einem Pinsel und Wasserfarben, die sich vom Papier abheben, färben wir den Stempel ein und drucken das Motiv beliebig aufs Papier. Es wirkt besonders lebendig, wenn wir den Stempel nicht vor jedem Druck erneut einfärben, sondern das Motiv ein zweites Mal drucken. So entstehen offene Strukturen, durch die das Papier hindurchschimmern kann.

Kork-Schachtel

KORK-SCHACHTEL

Alter
ab 8 Jahre
Material
1 cm dicke Korkplatte
(Baumarkt!)
Lineal
Filzstift
Brettchen als Schneide-
unterlage
Messer
Zahnstocher
Kleber
Zapfen
Schoten
Moos
Dekovogel

Diese Bastelei ist für Kinder ideal, die schon gewöhnt sind, exakter zu arbeiten und mit einem scharfen Messer problemlos umgehen können.

Kleine Schachtel

1. Wir messen auf der Korkplatte ein 5,5 x 10 cm und zwei 11 x 11 cm große Stücke ab und schneiden sie vorsichtig und genau mit einem scharfen Messer aus (Unterlage bitte nicht vergessen!).

2. Wir schneiden vom Zahnstocher auf beiden Seiten je 2 cm ab. Mit einem weiteren Zahnstocher bohren wir in eine der 1 cm dicken Schmalseiten der 4 Schachtelwände je 2 Löcher vor. Die abgeschnittene Seite der Zahnstocher befestigen wir dann dort mit etwas Kleber. Die Spitzen sollten etwa 0,5 cm weit herausragen.

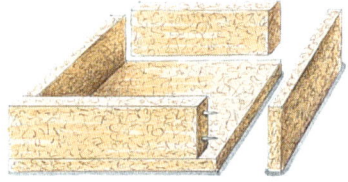

3. Nun können wir die Seitenteile der Schachtel zusammenfügen, indem wir die Zahnstocher als „Dübel" verwenden.

4. Den Boden befestigen wir mit der gleichen Technik, indem wir je zwei abgeschnittene Zahnstocher für jede Seite verwenden. Zur besseren Haltbarkeit bestreichen wir zusätzlich die Seitenwände dort mit Kleber, wo sie auf den Boden treffen.

5. Der Deckel wird nun etwas kniffliger. Wir müssen eine Kerbe rundherum herausschneiden, damit er auf die Schachtel paßt. Wir messen von jeder Seite 1,1 cm Breite ab und schneiden diesen Rand dann mit 0,5 cm Tiefe ab.

6. Zum Schluß fertigen wir für den Deckel unserer Geschenkschachtel noch einen Griff aus Zapfen oder Schoten.

Große Schachtel
Hierfür benötigen wir je zwei 8 x 18 cm, 8 x 9 cm und 11 x 18 cm große Korkteile, die wir wie eben beschrieben zusammenfügen. Auch hier schneiden wir einen 1,1 cm breiten und 0,5 cm tiefen Rand in die Deckelunterseite. Als Griff dient ein kleiner Vogel in seinem Nest.

Untersetzer aus Flechtband

Makrameegarn ist zwar steifer als Wolle und deshalb etwas schwieriger zu verarbeiten, hat aber den Vorteil, daß die Untersetzer wirklich etwas aushalten und noch dazu hübsch aussehen; sie sind ein nettes Geschenk, das auch noch in letzter Minute gemacht werden kann.

1. Wir schneiden drei Kordelstücke von je 2 Metern Länge ab. Dies ergibt einen fertigen Untersetzer mit 13 cm Durchmesser. Die Enden der Kordel verknoten wir oder umwickeln sie fest mit einem Faden.

2. Mit einer Sicherheitsnadel befestigen wir das Ende an einem Kissen oder hängen es an einen Türgriff, und schon können wir mit dem Flechten beginnen. Das Ende der Flechtarbeit wird fest mit dem Faden umwickelt, ebenso der Anfang, falls wir nur einen Knoten gemacht haben.

3. Nun rollen wir den geflochtenen Strang zu einer Schnecke und nähen gleich von Beginn an die nebeneinander liegenden Strangteile in ca. 0,5 cm großen Stichen fest. Auf-

passen: Der Untersetzer darf sich nicht nach einer Seite wölben! Wir vermeiden dies, indem wir die Schnecke flach auf den Tisch legen, nur von einer Seite nähen und nicht durch die Arbeit auf die andere Seite durchstechen.

4. Soll der Untersetzer größer werden, schneiden wir entweder die Makrameegarnstücke länger ab oder flechten einen zweiten Zopf, den wir anschließend an das Ende des ersten annähen.

5. Das Ende des Stranges muß gut vernäht werden, damit die Arbeit später nicht aufgeht – fertig!

UNTERSETZER AUS FLECHTBAND

Alter
ab 5 Jahre (mit Hilfe eines Erwachsenen)
Material
Makrameegarn
Nadel
Faden
Sicherheitsnadel

Geschenkanhänger

GESCHENKANHÄNGER

Alter
ab 4 Jahre
Material
Tonkarton
Lineal
Bleistift
weißes Papier
Schere
Tonpapier
Klebstoff
Locher
dünne Kordel oder Woll-
faden

Für wen mag das Geschenk sein? Der kleine Geschenkanhänger verrät es. Er ist einfach in der Klappschnitt-Technik zu fertigen, setzt aber Geschicklichkeit und Genauigkeit im Umgang mit der Schere voraus. Schon Vorschulkinder sind begeistert, wenn sie etwas schreiben können: Zeichnen Sie Ihrem Kind den Namen des Empfängers in Druckbuchstaben auf. Nun kann es den Schriftzug nachmalen.

1. Für die Kärtchen schneiden wir ein 14 x 9 cm großes Stück Tonkarton zu und falzen und knicken es in der Mitte. Wir zeichnen das halbe Motiv vom Vorlagebogen auf weißes Papier und schneiden es aus.

2. Diese Schablone legen wir mit der geraden Schnittkante an die rechte Seite eines 3,5 x 6,5 cm großen Stückes farbigen Tonpapier und ziehen die Umrisse vorsichtig mit einem Bleistift nach.

3. Jetzt schneiden wir das Motiv aus. Dabei müssen wir sehr vorsichtig sein und dürfen weder Rahmen noch Motiv beschädigen, da wir beide Teile verwenden wollen.

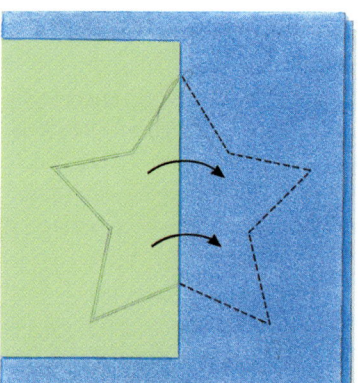

4. Wir kleben Rahmen und Motiv 'aufgeklappt' nebeneinander auf die Karte. Dabei achten wir darauf, daß das Motiv die Kartenmitte einnimmt.

5. Zum Schluß lochen wir die linke obere Ecke der Karte einmal und ziehen ein dünnes Band hindurch.

Süße Herzen

SÜSSE HERZEN

Alter
ab 4 Jahre
Material
Bleistift
weißes Papier
Schere
Sternchenfolie (goldene
Bastelfolie)
goldene Geschenk-
kordel
Klebstoff
Locher

Die goldenen Herzanhänger als Weihnachtsbaumschmuck können schon von kleineren Kindern nachgearbeitet werden, die noch nicht so sicher mit der Schere umgehen. Auch ein Herz mit unregelmäßigem Rand kann man mit einer kleinen Überraschung füllen. Beim Lochen sollte allerdings ein Erwachsener behilflich sein. Die Arbeit erfordert wenig Vorbereitung, und in kurzer Zeit lassen sich zahlreiche Anhänger fertigen.

1. Wir übertragen das Herz von der Vorlage auf weißes Papier und schneiden es aus.

2. Aus Sternchenfolie schneiden wir zwei 8 x 9 cm große Rechtecke zu und legen sie aufeinander.

3. Darauf legen wir die Herzschablone, umranden sie mit Bleistift und schneiden beide Herzen zusammen aus. Kleine Kinder schneiden die Teile am besten einzeln aus.

4. Wir kleben die beiden Herzen seitlich bis zur Markierung zusammen (auch das schaffen die Kleinsten besser mit der Hilfe eines Erwachsenen) und lassen sie gut trocknen.

5. Vorsichtig, ohne das Papier zu knicken, lochen wir die Herzen, ziehen eine goldene Kordel hindurch und verknoten die Enden.

6. Nun brauchen wir die Herzen nur noch zu füllen.

Wichtel

WICHTEL

Alter
ab 6 Jahre
Material
Holzkugeln, Ø 3 cm
Deckweiß
Pinsel
Filzstifte
etwas Karton
Pauspapier
Bleistift
Schere
roter Filz
Holzleim
Kiefernzapfen
Baumwollwatte
Nadel
Faden

Diese Wichtel aus Kiefernzapfen sind eine wunderschöne Dekoration für Tannenbäume oder Tannenzweige. Kleinere Kinder benötigen für diese Wichtel, vor allem beim Zusammenkleben der Mützen, Ihre Hilfe.

1. Zuerst bemalen wir die Holzkugeln als Wichtelgesichter. Dazu zeichnen wir zuerst die Augen mit Deckweiß auf, lassen sie trocknen, und malen dann Pupillen und Nase mit Filzstift auf.

2. Die Vorlage für die Mütze (Seite 221) übertragen wir auf Karton und schneiden sie aus. Nun können wir mit der Kartonschablone die Form auf den Filz zeichnen, ausschneiden und zusammenkleben.

3. Mit Holzleim befestigen wir nun die Holzkugel auf den Tannenzapfen und die Mütze auf der Holzkugel.

4. Dann kleben wir dem Wichtel noch den Bart und den Mützenbesatz aus Watte auf.

5. Damit wir den Wichtel auch aufhängen können, ziehen wir zum Schluß noch einen Faden durch seine Mütze.

Wandschmuck in Gold

Wenn man den grauen und braunen Früchten und Schoten ein wenig Farbe gibt, wird ganz leicht ein dekorativer Wandschmuck daraus.

1. Wir legen alle Materialien vor uns auf eine Unterlage und arrangieren darauf die Früchte und Schoten. Dann heben wir die obersten Früchte und Zapfen zur Seite und kleben die unteren mit reichlich Kleber zusammen. Nach jedem Schritt warten wir, bis der Kleber gut getrocknet ist.

2. In der Zwischenzeit formen wir aus etwa 6 cm Draht eine große Schlinge und kleben sie oben als Aufhänger an die Arbeit.

3. Die anderen Früchte kleben wir nun ebenfalls nacheinander an und verdecken damit die Schlinge.

4. Nachdem unser Arrangement gut getrocknet ist, lackieren wir es mit Goldbronze. Wir können die Farbe mit einem Pinsel auftragen; schneller geht es aber mit einem Spray.

WANDSCHMUCK IN GOLD

Alter
ab 7 Jahre
Material
Platanenkugeln
Mohnschoten
Robinienschoten
Erlenzapfen
Tannenzapfen
Austernpilze
Islandmoos
Schafgarbe
Draht
Kleber
Schere
Goldbronzelack
Unterlage
Einmal-Handschuhe

Wir müssen dazu aber eine große Unterlage verwenden und die Finger mit Einmal-Handschuhen schützen.

Winterblüher

WINTERBLÜHER

Alter
ab 4 Jahre
Teilnehmer
allein oder in einer
Gruppe

Im Winter blüht doch nix! Tatsächlich nicht? Versuchen könnte man es aber trotzdem. Nehmen Sie zu einem gemeinsamen Spaziergang doch einfach mal eine Gartenschere mit. Zwar ist nirgends ein Blatt und schon gar keine Blüte zu sehen, doch bei genauerer Betrachtung unterscheiden sich auch die kahlen Zweige in ihrer Farbe und Form voneinander.

1. Wir sammeln die verschiedensten Zweige, indem wir je einen mit der Gartenschere abschneiden und zu Hause in eine Blumenvase mit Wasser stellen.

2. Nun kann es Wochen dauern, bis etwas geschieht. Wir müssen nur daran denken, regelmäßig frisches Wasser nachzufüllen.

3. Schließlich fängt doch der eine oder andere Zweig an zu blühen, oder Blätter zu bilden. Jetzt können wir mit Hilfe eines Pflanzenbestimmungsbuches nachschauen, von welchem Baum oder Strauch der betreffende Zweig ist. Im Frühling können wir versuchen, sie draußen wiederzuerkennen.

190

Erbsenlabyrinth

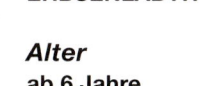

ERBSENLABYRINTH

Alter
ab 6 Jahre
Material
1 Sperrholzbrettchen
(ca. Postkartengröße)
verschiedene Hülsen-
früchte oder Körner
Klebstoff
Schere
Papier
Filzstift
eventuell dünne Holz-
leiste
1 kleine Säge
evtl. Stoppuhr

Wenn Sie einige getrocknete Erbsen oder Körner aus der Küche opfern und vielleicht auch beim Zuschneiden der Umrandung behilflich sind, dürfen Sie zur Belohnung sicher auch einmal die Erbse durchs Labyrinth rollen lassen.

1. Wenn wir eine dünne Holzleiste finden, die uns ein Erwachsener sägt, leimen wir die Leisten so um das Sperrholzbrettchen, daß an zwei Seiten je eine Lücke von 1 cm stehenbleibt. Sonst kleben wir einen Rand aus getrockneten Erbsen auf.

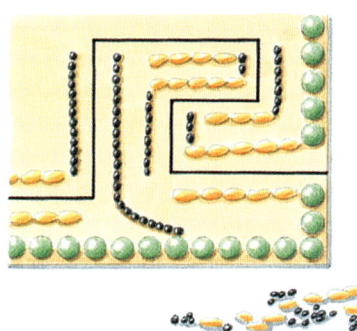

2. Nun legen wir einen verschlungenen Weg an, den wir mit Hülsenfrüchten oder Körnern einfassen. Wir können den Weg mit Filzstift markieren, oder wir schneiden Papierstreifen in Bleistiftdicke zu, die wir in unterschiedlich lange Stücke teilen und als Labyrinth auf das Brettchen legen. Wenn uns die Anordnung gefällt, zeichnen wir rund um die Papierstreifen dünne Bleistiftstriche, auf die wir die Einfassung kleben.

3. Der Weg muß immer so breit sein, daß eine Erbse durchpaßt, ohne anzustoßen. Als Hindernisse lassen wir einige Lücken offen.

4. Ist unser Labyrinth gut getrocknet, können wir mit dem Spiel beginnen. Wir versuchen, die Erbse vom Start zum Ziel zu bewegen, ohne daß sie durch eine Lücke fällt. Das geht am besten durch Balancieren des Brettchens oder Pusten. Wir können das Spiel aber auch zu zweit spielen: Während einer versucht, die Erbse möglichst schnell ans Ziel zu bringen, stoppt der andere mit einer Stoppuhr die benötigte Zeit. Danach wird getauscht.

Futterhäuschen

FUTTERHÄUSCHEN

Alter
ab 6 Jahre
Material
wasserfestes Sperrholz
(etwa 5 mm dick)
3 cm dicke Äste
Lineal
Bleistift
Laub- oder Stichsäge
Kartonrest
Schere
Schmirgelpapier
wasserfeste Farbe in
Rot und Gelb
Pinsel
1 schwarzer wasser-
fester Filzstift
Holzleim
Ringschraube
Kordel
Vogelfutter

Bei diesem Futterhäuschen benötigen die Kinder vor allem beim Sägen Ihre Hilfe. Aufgehängt wird das Futterhäuschen am besten an einem wettergeschützten Platz, man kann es aber auch auf einen Baumstamm stellen. Schon bald werden sich die ersten gefiederten Gäste einstellen.

aus. Die Sägeränder schleifen wir mit Schmirgelpapier glatt.

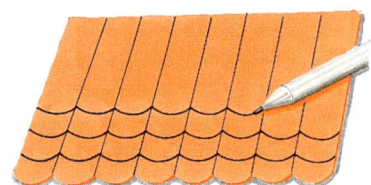

2. Das Dachstück lackieren wir dann von beiden Seiten mit roter wasserfester Farbe. Nachdem die Farbe getrocknet ist, malen wir mit einem wasserfesten Filzstift die Dachziegel auf.

3. Für den Boden des Futterhäuschens sägen wir dann ein Stück von 20 x 25 cm und zwei Leisten von 2 cm Breite und 25 cm Länge sowie zwei Leisten von 2 cm Breite und 19 cm Länge zu.

1. Für das Dach sägen wir aus dem Sperrholz ein 32 x 24 cm großes Stück. Aus einem Kartonrest schneiden wir eine Halbkreisschablone und malen damit auf einer langen Seite des Dachstückes die Dachziegel auf. Mit einer Laub- oder Stichsäge sägen wir diese Ziegelreihe

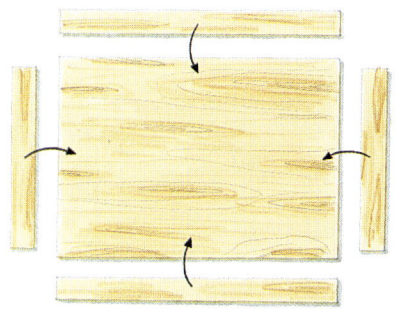

9. Nachdem wir das Futterhäuschen mit Vogelfutter ausgestreut haben, sollten wir daran denken, es immer nach einigen Tagen zu reinigen, da die Vögel sonst krank werden könnten.

4. Die längeren Leisten leimen wir nun oben und unten auf dem Boden unseres Futterhäuschens fest. Am besten geht dies mit Expreßleim, da er sehr schnell trocknet. Bis zum Trocknen können wir die Leisten auch mit „Leimklemmen" am Boden fixieren.

5. Dann leimen wir die beiden kürzeren Leisten links und rechts am Boden fest.

6. Aus den Ästen sägen wir nun je zwei 15 cm und 13 cm lange Stücke. Je ein Ende der vier Aststücke sägen wir schräg an.

7. Die vier Aststücke leimen wir in den vier Ecken des Bodens fest. Sind die Äste gut angetrocknet, bestreichen wir die Schrägen mit Leim und setzen das Dach auf die Äste. Bevor wir das Futterhäuschen zum Einsatz bringen, müssen wir den Leim gut trocknen lassen.

8. Soll das Futterhäuschen hängen, bohren wir genau in der Dachmitte eine kleine Ringschraube fest. Durch den Ring ziehen wir eine starke Kordel, daran können wir unser Futterhäuschen aufhängen.

Neujahrsschwein

NEUJAHRSSCHWEIN

Alter
ab 4 Jahre (mit Hilfe
eines Erwachsenen)
Material
runder Luftballon
Gefäß für Papier-
schnipsel
Rolle weiches
Toilettenpapier
¼ Liter angerührter
Tapetenkleister
Eierkarton
Cutter
kleingemusterter
Bogen Geschenkpapier
abwaschbare Unterlage
farbloses Lackspray

„Schwein gehabt!" bedeutet in unserem Kulturkreis, daß jemand Glück hatte, und das Schwein ist uns als Glücksbringer vertraut. Zu Neujahr schenken wir einander aber auch kleine Münzen als Symbol für Wohlstand und hoffen, daß uns dadurch im nächsten Jahr das Geld nie ausgehen möge. Sicherer, als auf dieses Glück zu hoffen, ist aber immer noch, beizeiten Geld zu sparen. Vielleicht nehmen Sie einmal das Basteln eines „Neujahrsglückssparschweines" zum Anlaß, um Ihre Kinder mit dem Spargedanken vertraut zu machen! Seine Herstellung ist zwar etwas zeitaufwendig und erstreckt sich über einen längeren Zeitraum. Beim vergnüglichen Arbeiten gemeinsam mit anderen können aber auch schon die Kleinsten mittun, und am fertigen Sparschwein haben dann schließlich alle Freude.

1. Zu Beginn reißen wir das Toilettenpapier in etwa münzgroße Stücke und sammeln sie in einem Gefäß. Vielleicht liest uns jemand während dieser etwas mühseligen Arbeit eine Geschichte vor?

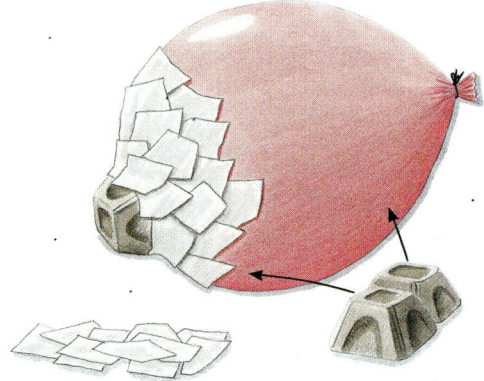

2. Wir blasen den Luftballon etwa fußballgroß auf und verknoten ihn.

3. Nun schneiden wir aus dem Eierkarton fünf Kuppen heraus, die wir später als Füße und Rüssel verwenden werden. Eine sechste Kuppe halbieren wir für die Ohren.

4. Das verknotete Endstück des Luftballons ist der Schweineschwanz, und genau gegenüber beginnen wir nun, den Schweinerüssel anzukleben. Dazu drückt einer von uns den Rüssel an den Ballon, und wir anderen tauchen unsere Finger in den Kleister, bestreichen damit den Rüssel und dessen „Umgebung" und befestigen ihn mit Hilfe der Toilettenpapierstückchen am Luftballon.

5. Damit das Papier auch wirklich gut hält, sollten wir mit dem Kleister nicht zu sparsam sein. Wir tragen ihn auch an der Oberseite des Papiers üppig auf und streichen jedes Papierstückchen mit den Fingern nach allen Richtungen glatt. Nach und nach bedecken wir so die ganze Luftballonoberfläche in mehreren Schichten mit Toilettenpapier.

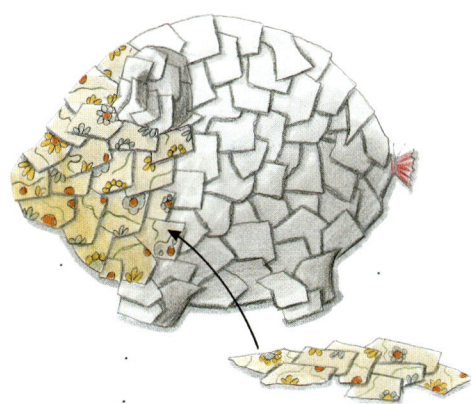

6. In derselben Weise kleben wir auch die Füße und die Ohren fest, und sollten wir keine Lust mehr haben, so lassen wir das halbfertige Schweinchen einfach stehen und kleistern gemeinsam am nächsten Tag weiter!

7. Nach etwa einer Woche ist unser Schweinchen durchgetrocknet. Nun bekommt es eine bunte Haut aus hübsch gemustertem Geschenkpapier. Zuerst reißen wir das Papier in münzgroße Stücke, und danach kleben wir diese wieder in mehreren Schichten mit Kleister über die gesamte Oberfläche.

8. Ist das Schweinchen nach einigen Tagen wieder ganz trocken, machen wir aus ihm endlich ein richtiges „Sparschwein" — jetzt schneiden wir nämlich an seiner Oberseite einen Schlitz zum Einstecken der Geldscheine und Münzen ein! Damit es durch das viele Anfassen im Laufe der Zeit nicht schmutzig und unansehnlich wird, besprühen wir es zum Schluß noch mit farblosem Lackspray. Dazu gehen wir am besten ins Freie.

Schweinisches Gedicht

1. Ich bin ein buntes Schweinchen
mit kugelrundem Bauch,
mit dicken, kurzen Beinchen
und Ringelschwänzchen auch.

2. Ach, gebt mir doch zu fressen,
steckt Münzen in mich rein.
Ihr sollt mich nicht vergessen —
will doch ein SPAR-Schwein sein!
(Sylvia Horak)

Jahreszeitenkalender

JAHRESZEITEN-KALENDER

Alter
ab 4 Jahre
Material
Tonkarton in Gelb, Rot,
Weiß, Grün und Blau
Schere
Klebstoff
wasserfeste Farben
Pinsel
Musterklammer

Dieser Kalender ist vor allen Dingen für Kindergärten und Vorschulen gut geeignet; aber sicher auch im Kinderzimmer eine hübsche und zugleich lehrreiche Dekoration. Sie können das ganze Jahr über mit ihm arbeiten. Beginn ist jeweils das neue Kindergarten- oder Vorschuljahr. Jede Jahreszeit wird durch eine bestimmte Farbe gekennzeichnet, die dann bei verschiedenen Aktivitäten, zum Beispiel Geburtstagsfeiern, eine Rolle spielen kann: Wurde eines der Kinder im Sommer geboren, und die Farbe des Sommers ist Gelb, erhält es auch eine gelbe Geburtstagskrone, der Geburtstagstisch kann farblich passend dekoriert werden usw. Es macht den Kindern sicher Spaß zu sehen, welches Fest als nächstes naht, welches Kind demnächst Geburtstag hat oder wann der Zeiger von einer Jahreszeit in die andere wechselt.

1. Wir kleben vier Tonkartonbögen zu einem Rechteck zusammen:
Für den Sommer verwenden wir Gelb (intensive Sonne, lange helle Tage), für den Herbst Rot (die Natur färbt sich), für den Winter Weiß (Kälte, Schnee, Eis) und für den Frühling Grün (die Natur erwacht).

2. Ein großer Kreis, den wir mit einem Pinsel in Schwarz aufmalen, kennzeichnet den Jahreslauf.

3. In die Mitte des Kreises kleben wir eine Sonne. Ihre Form können wir von Seite 223 abpausen und auf gelbes Tonpapier übertragen. Für den Zeiger, den wir ebenfalls in der Mitte des Kalenders mit einer Musterklammer befestigen, verwenden wir blaues Tonpapier. Die Vorlage für den Zeiger finden wir auch auf Seite 223.

4. Zu jeder Jahreszeit zeichnen wir einen Baum oder kleben ihn auf.

5. Wir erweitern den Kalender, indem wir Bilder von Ereignissen oder Festen der jeweiligen Jahreszeit am Kreisrand entlang aufkleben.

6. Jeder kann, wenn er möchte, ein Foto von sich mitbringen. Dieses kleben wir dann, dem Geburtstag entsprechend, auf. Wir haben dann viele Sommerkinder, einige Winterkinder, ...

Faschingsfeier

Kostümfeste sind für Kinder das Schönste am Fasching. Beim Planen und Vorbereiten können Sie auch schon die Kleineren einbeziehen. Ein gelungenes Fest beginnt mit einer originellen Einladung. Wie wäre es, die Einladung zum Kostümball in einem Knallbonbon zu verstecken? Diese Idee eignet sich natürlich auch für den nächsten Geburtstag.

Einladungen

1. Wir schneiden zwei verschiedenfarbige Seidenpapiere in der Größe 15 x 30 cm zu, legen sie aufeinander und knicken sie in der Mitte, so daß ein vierlagiges Quadrat von 15 x 15 cm entsteht.

2. Von der offenen zur gefalzten Seite schneiden wir das Papier in schmale Fransen. Dabei achten wir darauf, daß die Schnitte etwa 5 cm vor der Falzkante enden. Wer dem eigenen Augenmaß nicht traut, zieht sich eine dünne Bleistiftlinie.

3. Den Einladungstext schreiben wir auf ein 10 x 10 cm großes Stück Schreibmaschinenpapier.

4. Wir öffnen das gefranste Seidenpapier und legen den Einladungstext in die unbeschnittene Mitte; darauf kommt ein Bonbon. Nun rollen wir vorsichtig und ohne die Lagen zu verschieben das Papier zusammen und verknoten farblich passendes Geschenkband dicht an den Fransen.

5. Auf das fertige Knallbonbon schreiben wir ‚Einladung‘ oder den Namen des eingeladenen Kindes.

BUNTE GIRLANDE

Alter
ab 4 Jahre
Material
Toilettenpapierrollen
Cutter
Wasserfarben
Pinsel
buntes Kreppapier
Schere
Schnur
Luftballons

Bunte Girlande

Girlanden sorgen für die richtige Faschingsstimmung. Die kunterbunte Fransengirlande wird aus quer halbierten Toilettenpapierrollen gefertigt. Aus Sicherheitsgründen sollten Sie selbst die Arbeit mit dem Cutter übernehmen. Das Bemalen und Gestalten macht auch schon den Jüngeren großen Spaß.

1. Wir malen die halbierten Papprollen mit Wasserfarben bunt an.

2. Von verschiedenfarbigen Kreppapierrollen schneiden wir mit der Schere etwa 3 cm breite Streifen ab.

3. Wir fädeln die inzwischen getrockneten Papprollen auf eine Schnur und stecken unterschiedlich lange Krepppapierstreifen hindurch.

4. Zwischen die Papprollen knoten wir aufgeblasene Luftballons.

Fächergirlande

Diese elastische Girlande können Sie in verschiedenen Größen basteln. Ausgangspunkt ist immer ein quadratisches Stück Kreppapier, das zu einem Fächer gestaltet wird. Das Falten erfordert Geduld und Präzision. Achten Sie auf die Laufrichtung des Kreppapiers, da es sich sonst nicht gleichmäßig falten läßt.

1. Wir falten ein quadratisches Stück Kreppapier zu einer Ziehharmonika.

2. Nun falten wir diese Ziehharmonika in der Mitte und kleben die aufeinandertreffenden Flächen zusammen.

3. Wir kleben eine beliebige Anzahl von Fächern so aneinander, daß sie sich abwechselnd nach oben und unten öffnen.

FÄCHERGIRLANDE

Alter
ab 5 Jahre
Material
Schere
Kreppapier
Klebstoff

Winterliche Masken

WINTERLICHE MASKEN

Alter
ab 6 Jahre
Material
Tapetenkleister
weißes Papier
Luftballons
Schüssel
Schere
Cutter
weißer Fotokarton
Tonpapier in Orange und
Schwarz
Buntstifte in Orange und
Grau
schwarzer Filzstift
Klebstoff
Zirkel
Gummiband

Kindern macht es riesigen Spaß, sich zu verkleiden, warum nicht einmal als Eisbär oder Schneemann? Die Masken werden in mehreren Schritten gefertigt, bei denen auch ältere Kinder die Unterstützung eines Erwachsenen brauchen. Damit es keine Enttäuschung gibt, erklären Sie den Kindern, daß die Masken mindestens einen Tag gut trocknen müssen, bevor man mit ihnen spielen kann.

1. Den Tapetenkleister setzen wir nach Packungsanleitung an.

2. Wir reißen weißes Papier in etwa 4 x 4 cm große Stücke.

3. Wir pusten einen Luftballon auf, knoten ihn zu und legen ihn auf eine passende Schüssel.

4. Nun streichen wir die obere Hälfte des Ballons partieweise mit Kleister

ein, legen die Papierstückchen so nebeneinander, daß sie sich überlappen, und streichen noch etwas Kleister darüber.

5. Diesen Arbeitsgang wiederholen wir, bis vier Papierschichten übereinanderliegen. Die Papierstückchen kleben wir dabei immer etwas versetzt auf.

6. Nun lassen wir die Maske auf dem Ballon mindestens einen Tag lang trocknen. Dann ziehen wir sie vom Ballon ab, begradigen den Rand der Maske mit Schere oder Messer und schneiden mit einer spitzen Schere Löcher für die Augen heraus. Damit man später auch wirklich hindurchschauen kann, berücksichtigen wir dabei den Augenabstand des Trägers.

7. Ohren und Schnauze des Eisbären schneiden wir aus weißem Fotokarton zu und malen sie mit Buntstiften an. Die Ohren schneiden wir zackig ein.

8. Zum Befestigen ritzen wir die Maske mit einem Messer oben zweimal ein. Wir stecken die Ohren durch den Schlitz, knicken den eingeschnittenen Falz abwechselnd nach rechts und links und kleben ihn fest.

9. Die Schnauze kleben wir knapp unter die Augen und malen dem Eisbären zum Schluß mit orangefarbenem Buntstift Bäckchen auf.

10. Die Nase des Schneemanns basteln wir aus einem Halbkreis (12 cm Radius) orangefarbenen Tonpapiers, das wir zu einer spitzen Tüte zusammenkleben.

11. Wir schneiden aus der Maske ein rundes Loch für die Nase heraus. Es sollte etwas kleiner sein als das dickere Ende der Tüte. Wir stecken nun die Nase von hinten durch das Loch, schneiden den verbleibenden Innenteil ein und kleben den Falz fest. Als Mund kleben wir vorne kleine Kreise aus schwarzem Tonpapier auf.

12. Wir stechen an beiden Seiten der Masken ein Loch ein und knoten je nach Kopfgröße ein passendes Stück Gummiband an.

Elefantenkörbchen

ELEFANTENKÖRBCHEN

Alter
ab 5 Jahre
Material
farbiger Tonkarton,
pro Korb etwa
35 x 20 cm
Bleistift
Cutter
Schere
kleine, spitze Schere
dicker, schwarzer
Filzstift
Lineal

Zu jeder Faschingsparty gehört neben lustigem Raumdekor auch origineller Tischschmuck. Wenn dieser dann auch noch einfach und schnell herzustellen und vielseitig verwendbar ist – um so besser!

1. Haben wir das Körbchen vom Vorlagebogen auf die bunte Kartonseite übertragen, schneiden wir die Form aus. Mit der Schere schneiden wir entlang der bezeichneten Innenlinien.

2. An den Tal- oder Bergfaltenlinien legen wir das Lineal an, ritzen sie leicht mit dem Cutter und knicken den Karton nach oben bzw. nach unten.

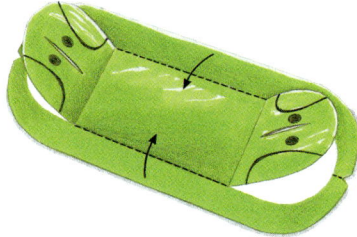

3. Nun malen wir – am besten freihändig – mit dem Filzstift Ohren, Augen und Rüsselfalten auf.

4. Wenn wir nun an beiden Schablonenteilen die Rüssel nach oben zusammendrücken und sie dabei gleichzeitig

durch den Schlitz stecken, bekommt das Körbchen seine stabile Form.

5. Vor Beginn des Elefantenfestes verteilen wir die Körbchen auf dem Buffettisch und füllen dann in jedes eine andere Leckerei (etwa Popcorn, Chips, Bonbons oder Nüsse).

6. Sind alle Körbchen leergegessen, können wir sie als Auffangbehälter fürs Erdnußzielwerfen verwenden.

7. Am Schluß des Festes schließlich legt jedes Kind seine Preise in eines der Elefantenkörbchen und trägt sie darin nach Hause.

Der Fingerfant

Während Sie das Gedicht sprechen, führt der eigenartige Elefant auf Ihrem Finger all die genannten Tätigkeiten aus. Wahrscheinlich möchten Ihre kleinen Zuschauer daraufhin auch so einen geschickten Fingerfant haben — bereiten Sie daher am besten schon vor dem Fest Material für mehrere Kinder vor. Das Basteln dieser Fingerfigur und das Erlernen des Gedichts wird so zu einem Teil des Elefantenfestes.

1. Zuerst übertragen wir die Elefantenform vom Vorlagebogen zweimal auf Tonpapier und schneiden sie aus.

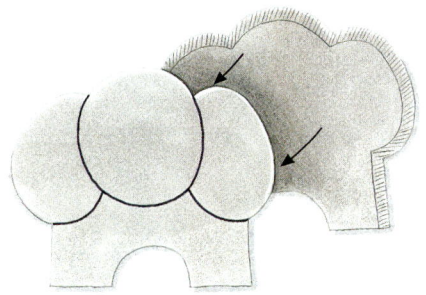

2. Nun kleben wir die beiden Teile am Rand zusammen. So können wir uns die Figur auf den Finger stecken.

3. Aus zwei Papierstreifen, jeder 1 cm breit und 15 cm lang, stellen wir einen „Hexentreppenrüssel" her. Wie das gemacht wird, lesen wir beim Thema „Wackelschlange" auf Seite 65.

4. Jetzt malen wir die Ohren und die Augen auf eine Seite des Fingerfanten und kleben den Rüssel mitten in sein Gesicht – damit kann er dann herrlich schlenkern!

5. Während der Fingerfant nun sein Gedicht aufsagt, führt er all die Bewegungen und Tätigkeiten aus, die darin vorkommen.

Unsere Zuschauer werden bestimmt Augen machen, aber es ist ja wirklich erstaunlich, was unser Fingerfant alles kann:

Gestatten, daß ich mich vorstelle:
Mein Name ist Fingerfant –
als Wundertier bin ich bekannt!

Ich kann mich gut wenden und drehen,
doch kann ich auch ganz ruhig stehen.

Ich kann mal beim Fenster rausschauen,
und dann mit den Holzklötzen bauen.

Ich kann mit der Nadel schön sticken,
und mich zur Begrüßung tief bücken.

Ich kann mit dem Taschentuch winken,
und aus diesem Glas kann ich trinken.

Ich helfe beim Binden der Masche,
und trage auch gern deine Tasche!

Doch nun hab' genug ich für heute,
drum sag' ich „Ade, liebe Leute!"

Ich schnapp' mir noch schnell eine Nuß –
– doch jetzt ist Schluß!
(Sylvia Horak)

DER FINGERFANT

Alter
ab 4 Jahre
Material
Tonpapier
Bleistift
Schere
Klebstoff
schwarzer Filzstift
In einem Korb:
Holzklötze
Nadel
Faden
Taschentuch
Glas
Schuh mit Bändern
kleine Tasche
einige Erdnüsse

Faschingsverkleidungen in letzter Minute

Verwandlungen machen Kindern ungeheuren Spaß. Dabei kommt es nicht auf ein perfektes Kostüm an, sondern auf das Gefühl des Andersseins, das entsteht. Und dafür bedarf es oft nur einer Kleinigkeit wie einer ungewöhnlichen Brille, eines Bartes oder einer Pappnase.

Faschingsbrille

1. Wir übertragen die Vorlage für die Brille vom Vorlagebogen auf farbigen Fotokarton. Die quadratischen Augenlöcher schneiden wir am besten mit dem Cutter heraus.

Schnurrbart

1. Wir übertragen die Vorlage für den Schnurrbart auf schwarzes Tonpapier und schneiden sie aus. Aus Klebeband fertigen wir zwei Röllchen, kleben sie hinter den Schnurrbart und diesen unter unsere Nase.

Pappnase

1. Wir schneiden aus dem Eierkarton ein Element heraus.

2. Mit Deckfarbe malen wir es von außen an und lassen es trocknen.

3. Mit der Scherenspitze bohren wir vorsichtig an beiden Seiten Löcher hinein, fädeln ein etwa 40 cm langes Stück Hutgummi hindurch und verknoten die Enden. Fertig ist unsere Pappnase.

Faschingsspiele

Wenn Sie mit Kindern Fasching feiern, dann werden viele Spiele spontan entstehen, angeregt durch die verschiedenen Kostüme. Vielleicht spielen Indianer, Clown und Prinzessin eine kleine Szene in ihrer Verkleidung. Falls den Kindern selbst nichts mehr einfällt, sollten Sie ein paar Spiele aus dem Hut zaubern können.

Knalltüten

Wir stecken einige Bonbons in jede Tüte, blasen sie auf und binden sie oben mit Wollfäden zu. Wer läßt seine Tüte nun am lautesten knallen?

Balltanz

Vor Tanzbeginn knüllen wir Zeitungsseiten zu Papierbällen. Wir benötigen einen Ball weniger, als Kinder mitspielen wollen. Die Bälle verteilen wir auf der Tanzfläche, und die Musik beginnt. Alle tanzen und dürfen weder stillstehen noch die Bälle berühren. Bricht die Musik ab, bückt sich jeder nach einem Ball. Wer leer ausgegangen ist, scheidet aus. Vor jedem neuen Tanz liegt ein Ball weniger auf der Tanzfläche. Wer wird wohl Tanzkönig?

Papierschlangen

Alle Mitspieler erhalten eine doppelte Zeitungsseite. Nun gilt es, aus der Zeitung eine möglichst lange Schlange zu reißen. Dazu gibt es zwei Möglichkeiten: entweder man reißt hin und her oder eine Spirale von außen nach innen. Gewonnen hat, wer die längste Schlange reißen konnte. Reicht das Augenmaß zur Bestimmung des Siegers nicht aus, hilft ein Maßband.

FASCHINGSSPIELE

Knalltüten
Alter
ab 4 Jahre
Material
**Papiertüten
(z.B. Butterbrot- oder
Brötchentüten)
Bonbons
Wollrest**

Balltanz
Alter
ab 4 Jahre
Material
**alte Zeitungen
Kassettenrecorder
Musikkassette**

Papierschlangen
Alter
ab 7 Jahre
Material
**alte Zeitungen
evtl. Maßband**

REGISTER

Vorlesen

Piratenfloß (Seite 35)

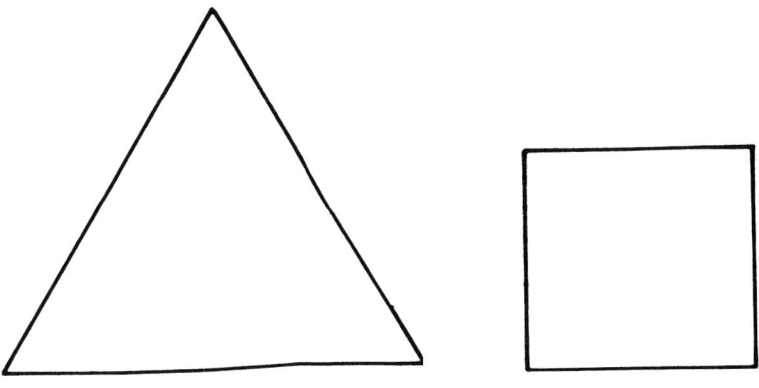

Blätterkarten (Seite 123)

Zwergenschule (Seite 150)

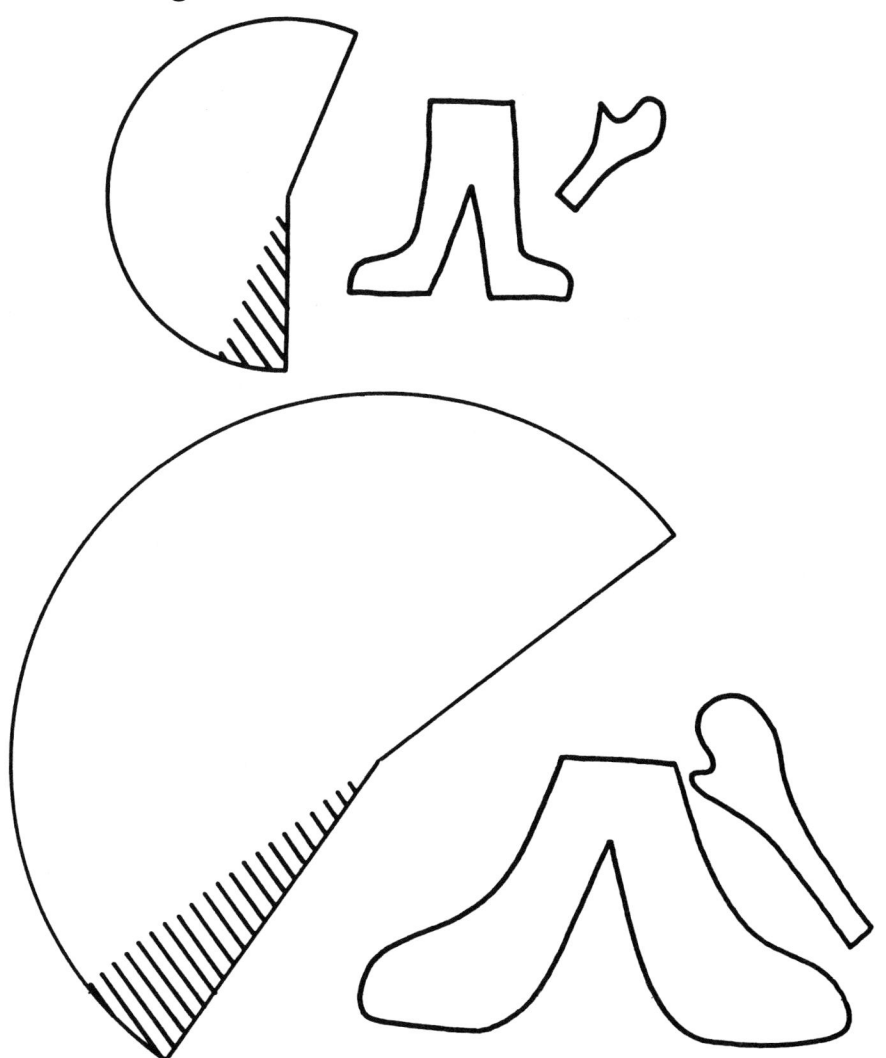

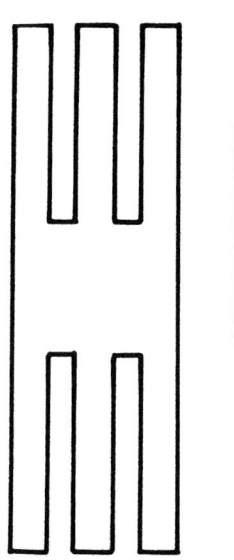

Walnußkäfer
(Seite 47)

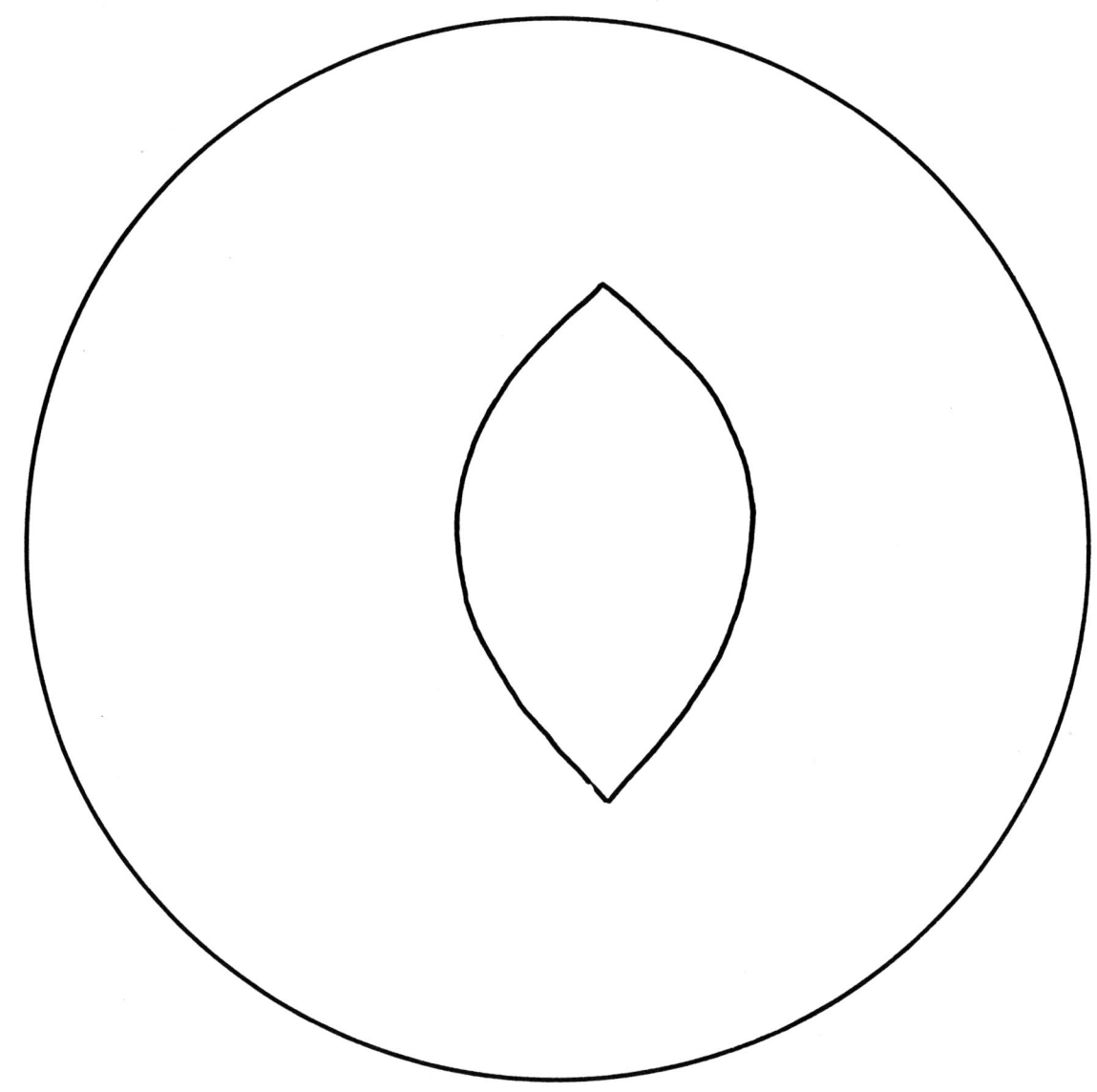

Sonnenblumen (Seite 71)

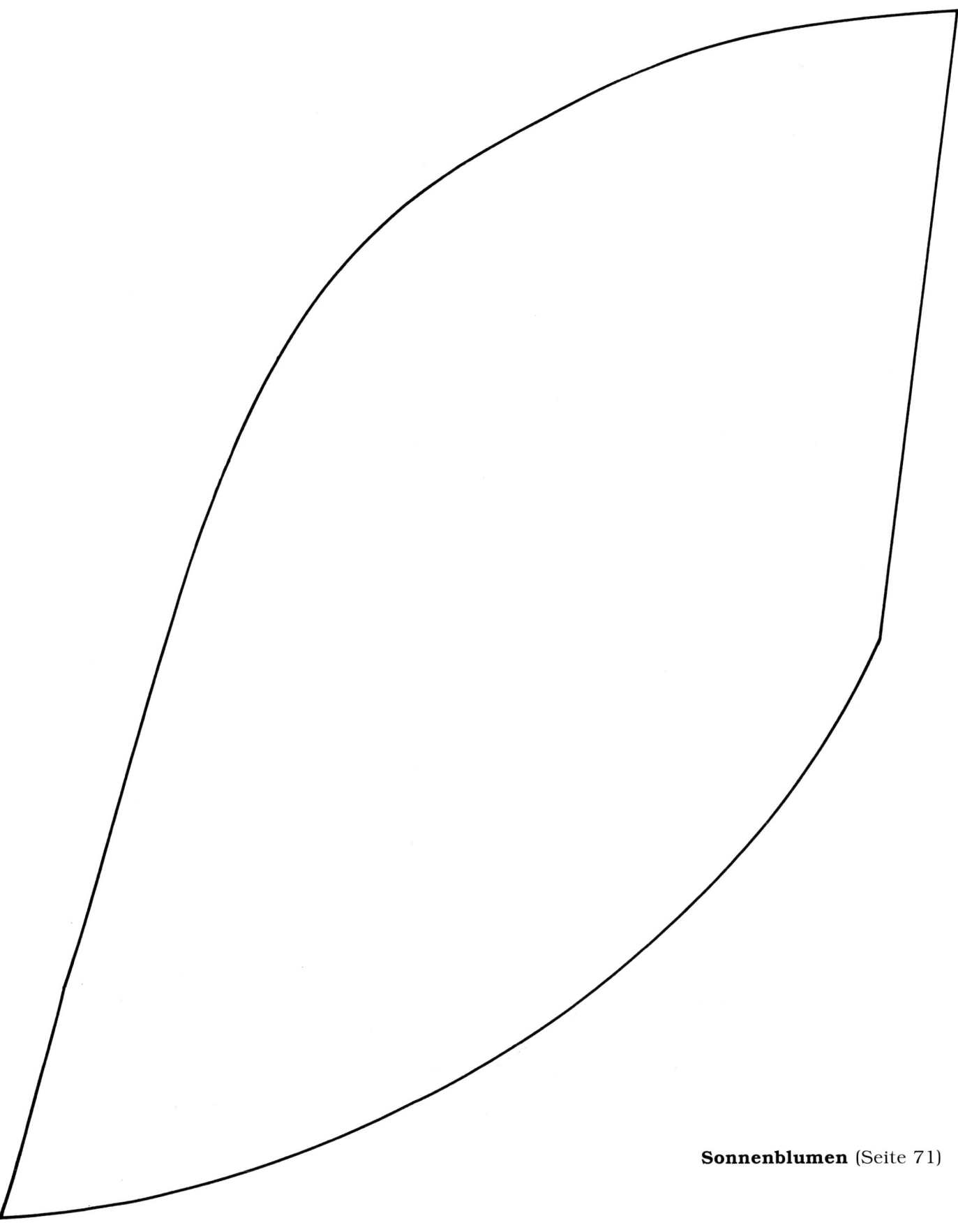

Sonnenblumen (Seite 71)

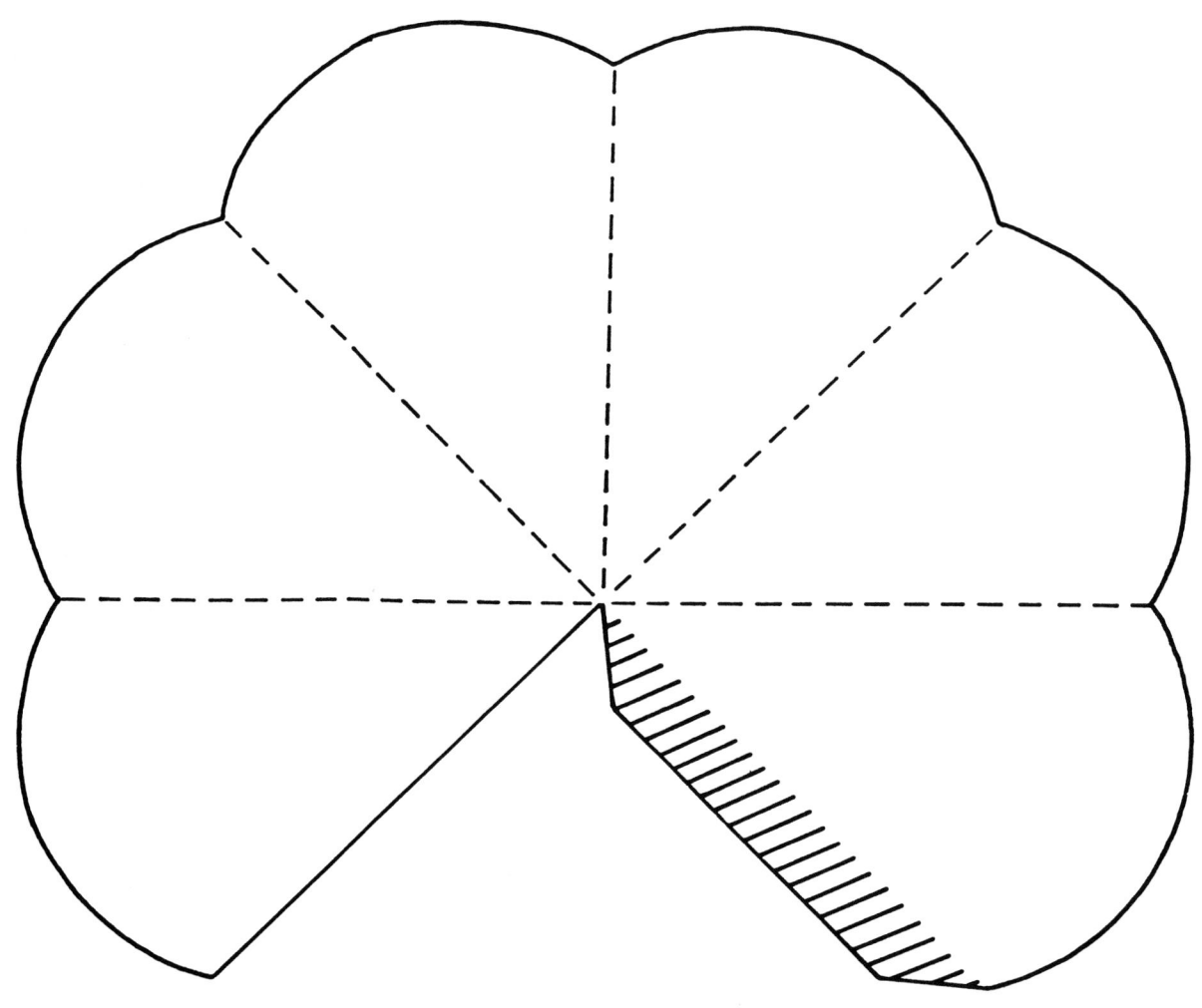

Marktstand (Seite 78)

214

Schmuck aus Lederresten (Seite 86)

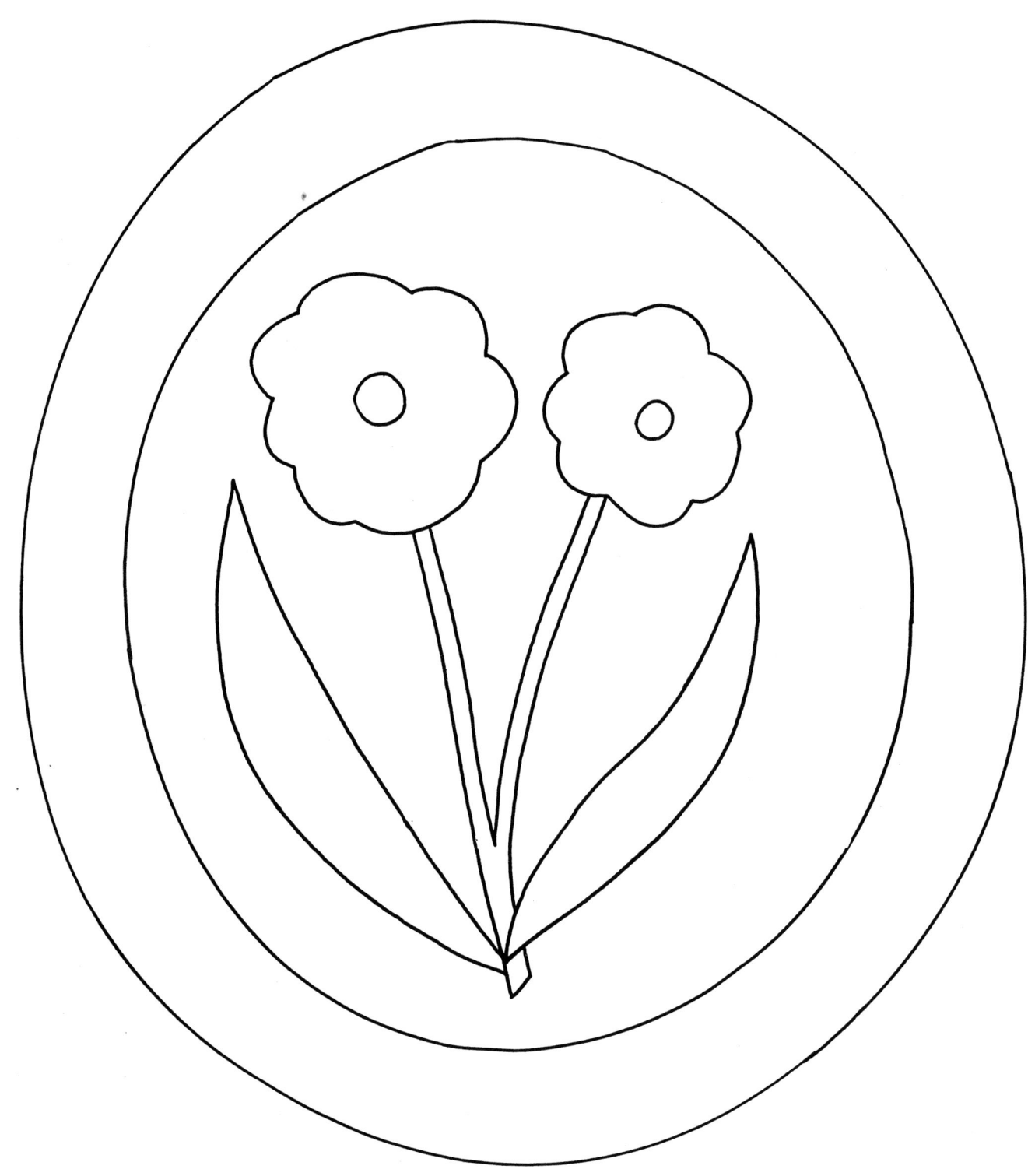

Fensterbilder aus Blüten
(Seite 103)

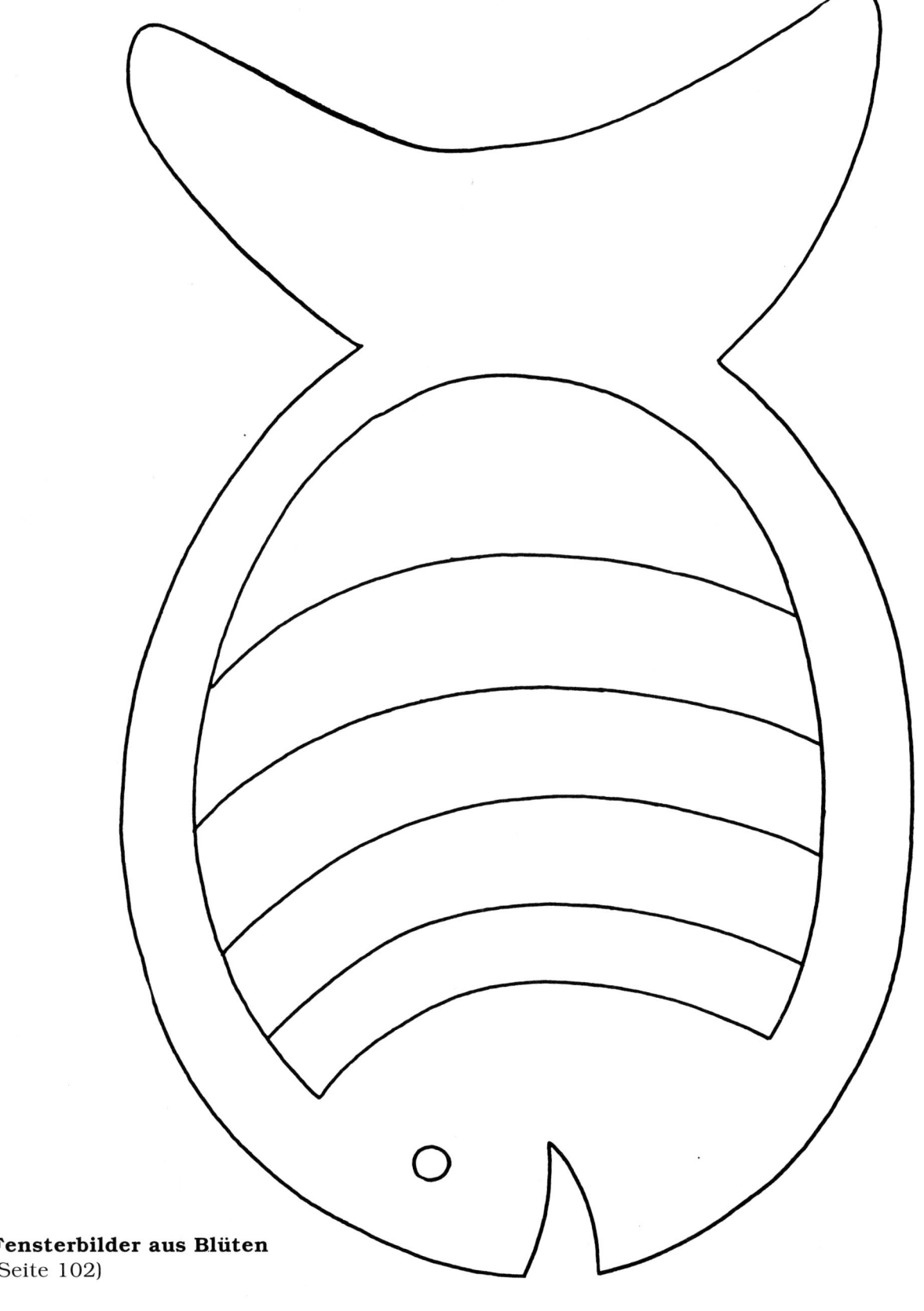

Fensterbilder aus Blüten
(Seite 102)

Allerlei aus Tannenzapfen (Seite 130)

218

Basteln mit Mondviolen (Seite 138)

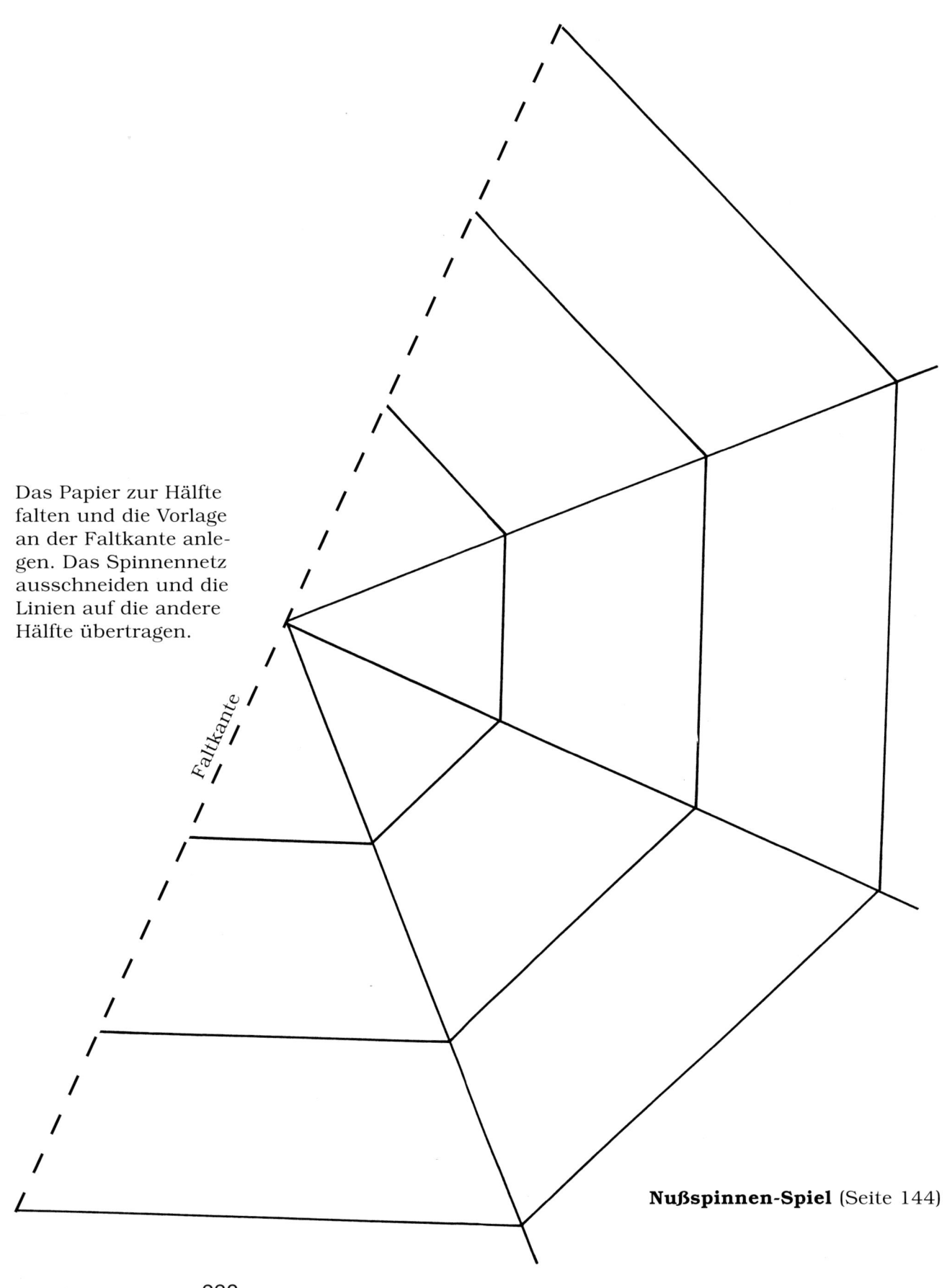

Das Papier zur Hälfte falten und die Vorlage an der Faltkante anlegen. Das Spinnennetz ausschneiden und die Linien auf die andere Hälfte übertragen.

Faltkante

Nußspinnen-Spiel (Seite 144)

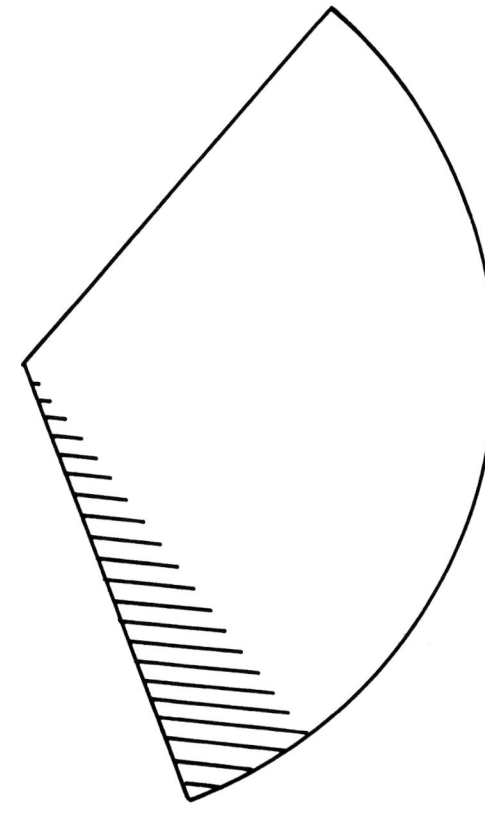

Wichtel (Seite 188)

Dino-Marionette (Seite 106)

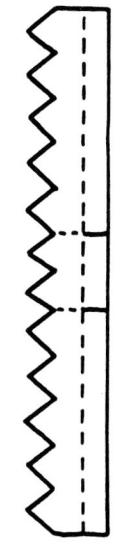

Rasseltöpfe (Seite 162)

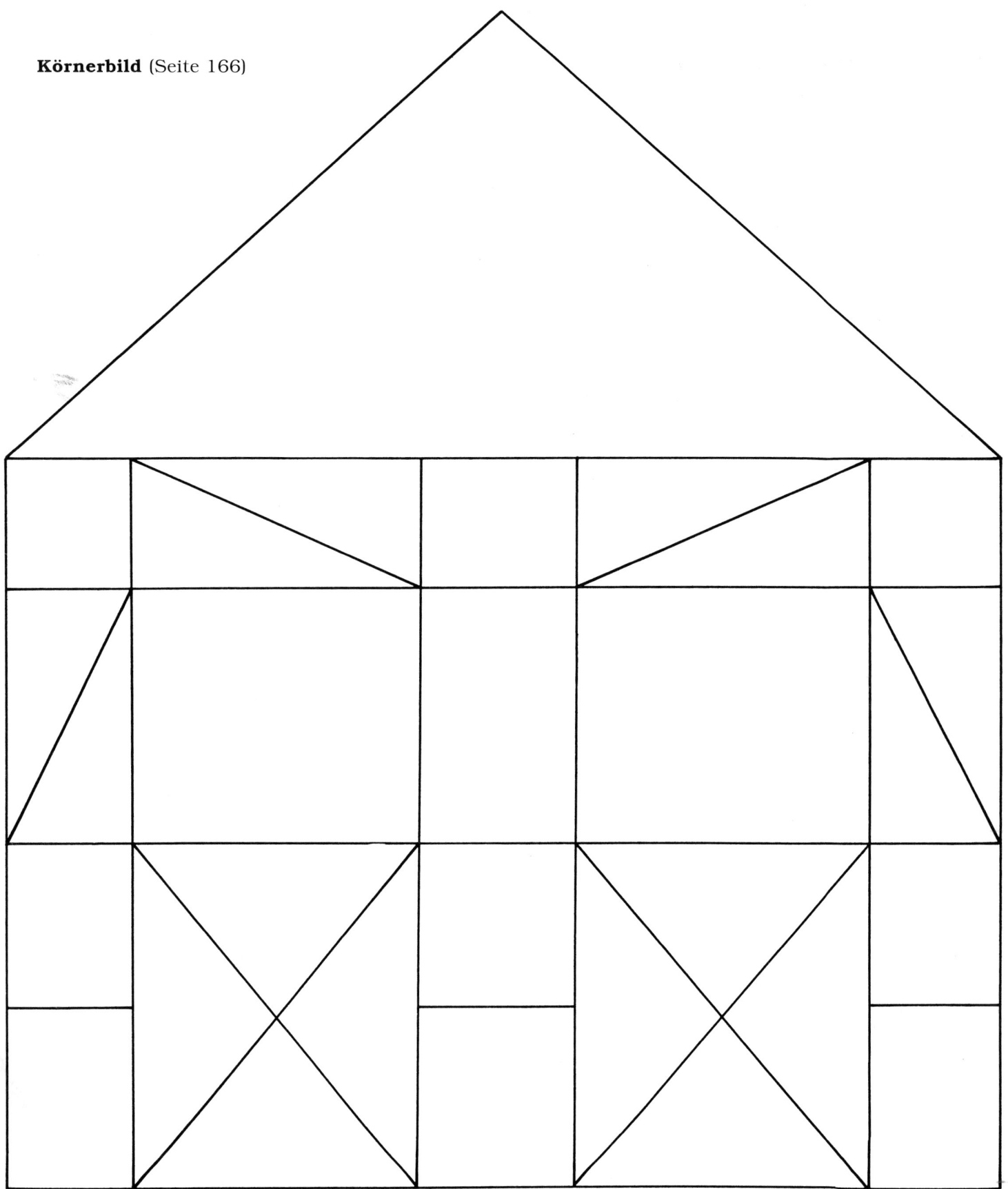

Jahreszeitenkalender (Seite 196)

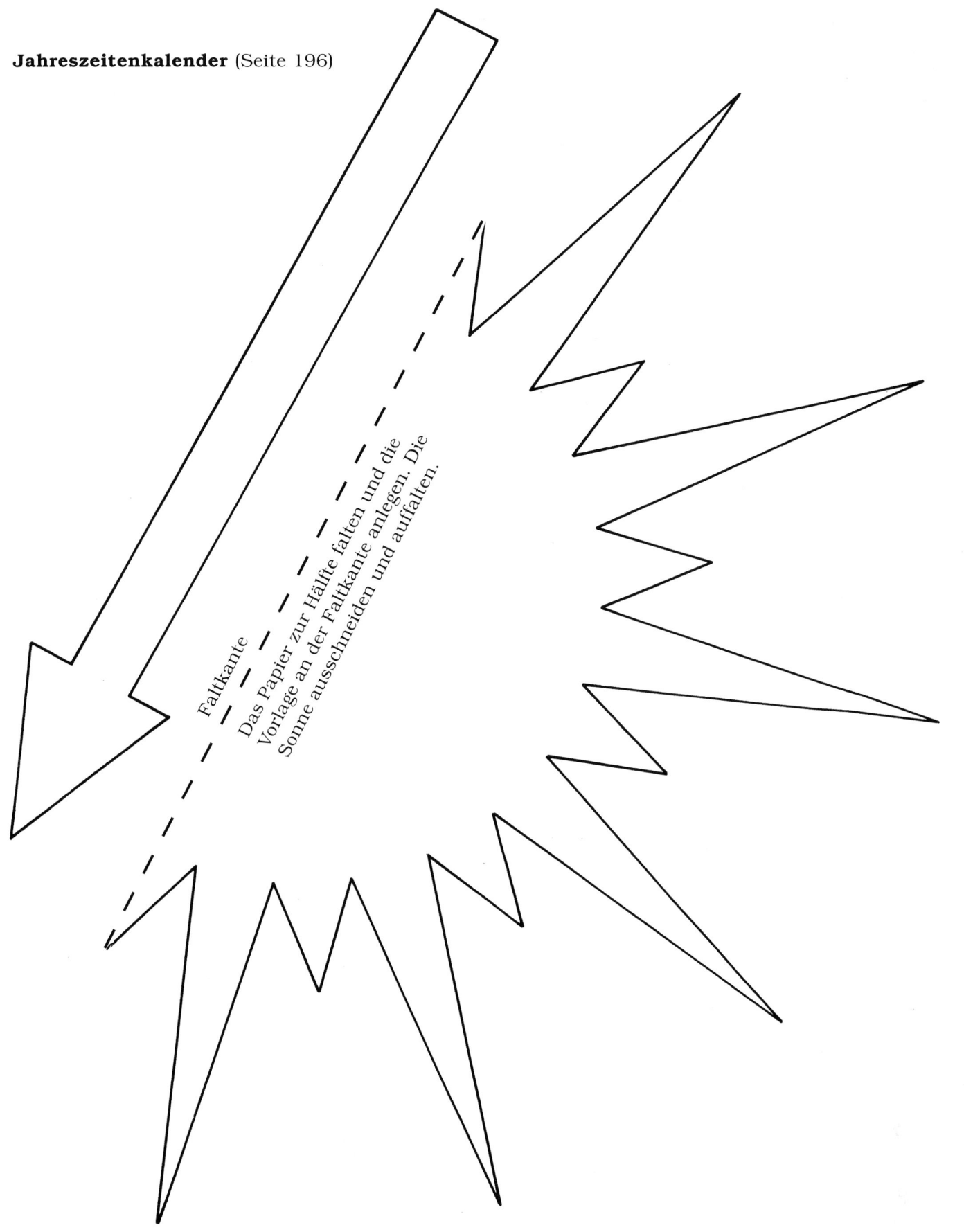

Faltkante

Das Papier zur Hälfte falten und die Vorlage an der Faltkante anlegen. Die Sonne ausschneiden und auffalten.

ISBN 3 8094 1116 7

© 2001 by Bassermann Verlag in der Verlagsgruppe FALKEN/Mosaik,
   einem Unternehmen der Verlagsgruppe Random House GmbH,
   65527 Niedernhausen/Ts.
© der Originalausgabe by FALKEN Verlag GmbH & Co. KG,
   einem Unternehmen der Verlagsgruppe Random House GmbH,
   65527 Niedernhausen/Ts.

Umschlaggestaltung: Horst Rothe
Fotos: Achim Kalk, Kelkheim: Seite 14, 15, 18, 22, 26, 27, 36, 38, 40, 41, 50,
52, 54, 55, 60, 84, 88, 92, 108, 164, 168, 172, 173, 174, 182, 183, 186, 187,
198, 199, 200, 204; Fotostudio und Werbegesellschaft Ralbowszky & Hüpfl, Wien:
Seite 44, 64, 68, 72, 76, 80, 81, 112, 116, 120, 124, 128, 132, 133, 136, 140,
141, 152, 153, 154, 156, 158, 194, 202; Fotostudio Eberle, Schwäbisch Gmünd:
Seite 113 oben; TLC Fotostudio GmbH, Velen-Ramsdorf: Seite 113 unten;
Michael Wissing & Partner, Waldkirch: Seite 159; alle übrigen: Photo Illustrations
Ltd, London
Ausreißillustrationen: Ilse Stockmann-Sauer, Offenbach (unter Mitarbeit von
Claudia Weber)
Layout: Christa Johanna Gramm
Redaktion: Uta Koßmagk; Sabine Fels, Renningen
Redaktion für diese Ausgabe: Herta Winkler
Herstellung: Anke Sprey, Michael Greiss
Herstellung für diese Ausgabe: Eva Kumar
Vorlagen und Reinzeichnung des Vorlagebogens: Ulrike Hoffmann, Bodenheim
Beiträgerinnen: Myriam Ganser, Belgien: Seite 20/21, 49, 70, 196/197; Sylvia
Horak, Wien: Seite 40/41, 45, 64/65, 68/69, 72/73, 76/77, 80/81, 100/101, 112,
116/117, 120/121, 124/125, 128/129, 132/133, 136/137, 140141, 152–159,
194/195, 198/199; Claudia Hüfner, Frankenthal: Seite 30 oben, 46–48, 106/107,
144/145, 148–151, 166/167, 184/185, 189; Ria Janßen, Moers: Seite 118/119,
126/127, 130/131, 134/135, 142/143, 146/147, 162/163, 170/171; Jutta Meier,
Stuttgart: Seite 84/85, 88/89, 92/93, 96/97, 108/109; Monika Neubacher-Fesser,
Hannover: Seite 34/35, 58/59, 74/75, 82/83, 94/95, 104/105, 164/165,
168/169, 172–177, 182/183, 186/187, 200/201, 202–205; Iris Prey, Hamburg:
Seite 16/17, 30/31, 42/43, 56/57, 66/67, 78/79, 86/87, 90/91, 98/99, 102/103,
122/123, 138/139, 188, 190/191; Doris Velte, Biebertal: 12/13, 24/25, 28/29,
32/33; Sigrid Wetzel-Maesmanns, Krefeld: Seite 14/15, 18/19, 22/23, 26/27,
36–39, 44, 50–53, 60/61, 71, 114, 178-181, 192/193

Satz: Raasch & Partner GmbH, Neu-Isenburg
Druck: Neografia, Martin
Printed in Slovakia

47650296+48430195X817 2635 4453 6271

04 03 02 01